'온 책 읽기'와 함께하는
교육연극 프로그램과 아동극본

# 교육연극을 활용한 수업모형 탐구

'온 책 읽기'와 함께하는
교육연극 프로그램과 아동극본

# 교육연극을 활용한 수업모형 탐구

배다인 지음

한길사

# 들어가는 말

급변하는 사회에 대처하기 위해서는 어린이를 위한 교육 방법 또한 변화해야 한다. 빠른 변화에 적응하기 위해서는 무엇보다 상호작용과 협응 능력이 필요하다. 따라서 이를 위한 다양한 교육 방법들이 현장에서 활용되고 계속 계발되고 있는 상황이다. 여기서 우리가 주목해야 할 효과적인 교육 방법 가운데 하나는 교육연극 기법이다. 교육연극 기법은 학습자의 교육 성과를 높이기 위한 방법적 요소로 여러 교육 선진국에서 확대 적용하고 있다.

교육연극 연구자로서 교육연극이 교육 현장에 확대 적용됐으면 하는 마음으로 이 책의 집필을 시작했다. 연극 관련 강의와 연구를 하다 보니 교육연극의 효용성이 크다는 것을 느꼈지만, 실제 교육 현장에서는 적용이 미미하기에 안타까움이 컸다. 그런데 〈2015 개정교육과정〉에 연극 단원이 채택된 것을 알고 무척 기뻤다. 교육연극이 확대 적용되겠다는 생각에 현장에서 교사들이 활용할 수 있도록 교재를 구성하였다.

교육연극과 연극치료 및 예술교육의 권위자로 알려진 리처드 코트니의 주장에 따르면 교육연극은 무대 훈련이 아니며, 그 본질은 어린이가 연기하며 노는 것이라고 정의한다. 이와 같은 견해는 필자의 의견과도 일치한다.

연극의 기본 요소에는 놀이 기능이 내재한다. 놀이는 적극적인 참여와 유희를 동반하므로 참가자들에게 만족감과 기쁨을 함께 준다. 교육연극의 다양한 기법을 접하는 학습자들은 즐거움과 배움의 효과를 자연스레 느끼게 될 것이다. 아울러 각자의 생활을 반영하여 참여 기회를 확대하면 문제 해결 능력 및 상황 재구성 능력을 구축하는 토대를 쌓게 될 것이다.

필자 또한 본 교재를 구상 및 집필하면서 연극의 놀이 기능을 토대로 삼았다. 하지만 쾌락을 추구하는 놀이에 멈추지 않고 학생들이 학습 목적을 달성하기 위해 연극적 기법을 활용하고 사용하도록 구성하였다.

이 책은 1장 국어 교과 역량 강화를 위한 교육연극 수업모형, 2장 목적별 교육연극 프로그램, 3장 동화를 각색한 교육연극 극본으로 꾸며져 있다. 먼저 1장은 초등학교 5학년 2학기부터 국어과 교육과정에 들어온 연극 단원에 활용할 수 있는 프로그램을 중심으로 구성하였다. 교사들이 연극 단원 수업을 진행하는 데 참고 자료로 활용할 수 있기를 바라는 마음에서 계발하였다. 2장은 극본을 통해 갈등 및 문제 상황을 제시하고 이를 해결하는 과정을 접하게 하고, 이를 통해 해결 능력을 함양하도록 돕는 교육연극 프로그램을 소개하였다. 3장은 필자의 동화 작품을 극본으로 변형한 것이다. 독후 활동 및 연극 단원에서 낭독극이나 실연 등으로 활용할 수 있기를 바라는 마음에서 극본을 각색하였다.

본 교재를 집필하는 과정에서 아쉬움이 많았다는 점을 고백한다. 'COVID-19'로 인해 교육 현장에서 실습하기가 쉽지 않은 상황이 펼쳐진 것이다. 계발한 프로그램을 현장에서 다수 적용해 보고 수정·보완 과정을 거치려 하였지만, 그러지 못해 자료 사진 등을 첨부할 수 없어 아쉬움이 크다. 하지만 현장 운용이 어려운 관계로 많은 시간을 두고 프로그램을 꼼꼼하게 분석 및 점검하여 보완책을 완성하였다. 막상 출간을 앞두고 보니 부족한 점이 없진 않지만, 교육연극 발전에 작은 보탬이 되고 추후 연구자 및 교육연극 프로그램 개발자들에게 길잡이가 되었으면 하는 바람으로 아쉬움을 대신하는 바이다. 저자 또한 교육연극 관련 연구 및 계발을 멈추지 않고 추진해 가리라 다짐해 본다.

마지막으로 본 프로그램을 계발할 수 있도록 후원해 주신 한국연구재단에 고마움을 전하며, 출판을 위해 힘을 쏟아 주신 한길사의 김서영 이사님, 홍희정 편집자께 특별한 감사를 드린다. 아울러 미처 언급하지 못했지만 도움을 주신 많은 분과 조선대학교에서 연극의 이해와 감상 교과목을 수강해 준 수많은 학생에게도 감사의 마음을 전한다.

많은 이들이 밝은 희망을 품고
꿈을 향해 힘차게 나아가길 바라며,
2021년 12월 배다인

**차례**

1부

국어 교과 역량 강화를 위한
교육연극 수업모형

## 교육연극이란

　교육연극은 예술적 성과를 최우선시하는 전문연극과는 목적에서 큰 차이를 보인다. 전문연극이 관객 앞에서 상연을 전제로 예술성을 추구한다면, 교육연극은 교육 현장에서 교육 효과를 높이기 위한 교수 방법으로 활용되고 있다. 놀이와 자발적인 즉흥의 과정을 강조하는 현대의 교육연극 개념은 20세기에 이르러 성립되어 학문적 체계를 갖추었다. 우리나라에서도 1980년대 이후 교육연극 논의가 활발해지고, 그 후 본격적으로 교육연극의 가치와 효용성에 대한 연구가 진행되어 학교 현장에 보급되고 있는 실정이다.

　전문연극은 훈련받은 연극인이 순수예술로서 극본에 적힌 내용을 연기하는 장면을 관객들이 수동적으로 객석에서 관람한다. 하지만 교육연극은 연극의 방법들을 교육 현장에 적용하여 효율적인 교육 효과를 지향하는 과정에 중요도를 둔다. 훈련받은 교사 또는 교육연극 전문가가 학생들을 교육연극 프로그램에 능동적으로 참여하도록 유도하여 완성시켜 간다. 즉 배우와 관객을 구분하지 않고 과정 속에서 교육 효과를 높이는 교육매체로 기능을 한다. 학생들은 이 과정에서 재미를 느끼는 것은 물론이고, 창의성의 발현과 함께 주체적인 학습자로 역할하게 된다.

　현재 우리나라에서 활용되는 교육연극은 TIE(Theatre-in-Education), DIE(Drama-in-Education), 창조적인 드라마(Creative Drama), 청소년 연극(Youth Theatre), 어린이 연극(Children's Theatre), 젊은이 연극(Young People's Theatre)[1]이 주를 이루고 있다.


## 연극의 기본 요소 외

　전문연극과 마찬가지로 교육연극에도 몇 가지 요소는 필수이다. 먼저 연극의 기본 요소를 두고 크고 작은 이견이 있긴 하지만, 배우와 관객은 연극의 가장 기본적인 요소이다. 연기를 하는 배우와 이를 감상하는 관객이 없다면 연극은 완성될 수 없다고 학자들은 주장한다. 그에 더해 배우가 연기를 하기 위해서는 희곡(극본)과 무대가 필요하다. 이와 같은 이유를 들어 연극의 요소를 배우, 관객, 희곡, 무대로 규정하기도 한다.

---

**1**　배다인(2011), 『동화의 재구성 능력계발』, 연극과인간, p.21.

연극의 기본 요소[2]

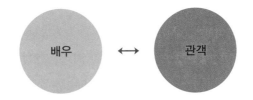

연극의 4대 요소

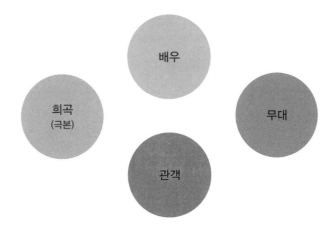

　　교육연극은 교수학습 현장에서 교육목표를 고취시키기 위한 교육매체로 활용되므로 학습
자와 교사가 기본 요소 기능을 한다고 할 수 있다. 많은 교사들이 교육연극의 의미나 가치는
잘 알고 있지만 교육과정 속에서 쉽게 적용하지 못하고 있는 것으로 알고 있다. 아마도 이는
전문연극을 떠올리기 때문일 것으로 생각된다.

　　앞에서 언급하였듯이, 교육연극은 전문연극과 목적이 다르기 때문에 무대를 전문적으로
꾸미거나 연기자의 연기를 전문화하지 않아도 된다. 따라서 교육연극을 수업에 활용할 때에
는 교육과정에 중요도를 두고 체험의 폭을 확장시키는 데 주력을 하면 된다. 교육연극의 성패
는 교육과정 속에 적용하는 연극적 기법을 학생들이 얼마나 자발적으로 활용하느냐에 달려
있다고 할 수 있다.

---

**2**　밀리 S. 배린저, 이재명 옮김(2017), 『연극 이해의 길』, 평민사, p.19.

## 국어 교과에서 추구하는 핵심 역량과 교육연극 관련 활동

현대와 같은 지식 기반 사회에서 각 개인이 매 상황에 적합한 지식, 기술(skill), 태도를 형성하는 데 필요한 핵심 역량은 매우 중요하다. 이러한 역량은 유연성, 적응성, 만족감, 동기를 제공함으로써 노동 시장, 사회 화합, 적극적인 시민 의식 등을 위한 부가적인 가치를 제공하기 때문이다.[3]

현재 학교 현장은 의사소통과 정보 습득, 공동체에서의 관계 맺기 등을 위한 기본적인 국어 역량을 기르는 데 중점을 두고 있다. 하지만 현실은 경쟁이 갈수록 심화되고 협동의 가치가 약화되고 있고, 학교폭력과 사이버 중독이 만연해져 대화마저 줄어들고 있는 상황이다. 관련 학자들은 이러한 위기를 교육연극을 활용해 대처 능력을 높일 수 있다고 주장하고 있다. 필자 또한 교육연극을 활용하면 창의적 사고 기르기, 문화를 향유하는 태도 기르기, 더 나아가 자기 성찰과 계발까지 효과를 거둘 것으로 예견한다.

교육연극의 확대 적용을 위해 아래 표에 국어 교과에서 추구하는 핵심 역량 여섯 가지와 그에 따른 주요 활동, 교육연극 기법을 활용한 세부 활동 내용을 제시하였다. 각각의 세부 활동은 연극 활동과 조별 활동으로 구분하였고, 핵심 역량 관련 세부활동들은 각 장에서 해당 주제에 적합한 극본과 함께 자세히 다루기로 한다.

| 핵심 역량 | 주요 활동 | 교육연극 세부 활동 |
|---|---|---|
| 자료·정보 활용 역량 | 수집·비교 분석 | • 연극 활동<br>  - 낭독극<br>  - 역할극<br>• 조별 활동<br>  - 장르적 차이점 발견하기<br>  - 등장인물의 자료나 정보 수집하기<br>  - 짝 활동(극본 읽기)<br>  - 연극의 특성 발견하기 |

---

**3**  DICE Consortium, 한국교육연극학회 신선영·오판진 옮김(2015), 『교육연극 주사위를 던져라: 핵심 역량에 미치는 교육연극의 효과 증명 연구』, 연극과인간, p.37.

| 의사소통 역량 | 듣기 · 말하기 | • 연극 활동<br>　- 등장인물 인터뷰<br>　- 마임<br>• 조별 활동<br>　- 등장인물의 의사소통 능력 살피기 |
|---|---|---|
| 공동체 · 대인관계 역량 | 상상 · 구성하기 | • 연극 활동<br>　- 프리 토킹<br>　- 상황극<br>• 조별 활동<br>　- 공동체 생활에서 필요한 요소 찾기 (토론하기)<br>• 표현 활동<br>　- 극본 다시 쓰기 |
| 비판적 · 창의적 사고 역량 | 재구성하기 | • 연극 활동<br>　- 타블로<br>　- 핫시팅<br>• 조별 활동<br>　- 새롭게 재구성하기<br>　- 창의 표현 활동 |
| 문화 향유 역량 | 협력하기와<br>만들기 | • 연극 활동<br>　- 가면극<br>　- 즉흥극<br>• 조별 활동<br>　- 구상 및 토의<br>　- 문화 활동 상상하기 |
| 자기성찰 · 계발 역량 | 발견과 표현 | • 연극 활동<br>　- 캐릭터 게임<br>　- '만약에(as if~)'<br>• 조별 활동<br>　- 친구 장점 찾아 주기<br>　- 자신의 미래 상상하기<br>• 표현 활동<br>　- 극본 쓰기 |

# 1장 자료 · 정보 활용 역량 기르기

이 책에서 다루는 초등 국어 교과목의 여섯 가지 핵심 역량 가운데 자료·정보 활용 역량은 필요한 자료나 정보를 수집·분석·평가하고, 이를 효과적으로 활용하여 의사를 결정하거나 문제를 해결하는 능력을 다지는 활동이다.

이 장에서는 동화와 극본을 비교하며 학생들이 장르적 차이점을 발견하는 것을 목표로 한다. 동화는 서사 형식이고, 극본은 극 형식에 속한다. 특히 극본은 무대에서 공연을 전제로 쓰인 글이므로 해설과 대사, 지문으로 이루어진 게 특징이다.

여러 자료를 통해 자료·정보 활용 역량을 기르기 위한 수업 목표와 교사의 역할을 제시한다. 수업 관련 내용 예시와 활동 방안을 제시하고 관련 연극 활동과 조별 활동을 구체화하여 소개한다. 마무리 단계에서 관련 활동과 연계된 활동지를 바탕으로 평가 및 개선점 등을 알아본다.

◆ **수업 목표**

1. 서사문학(동화)과 극문학(극본)의 차이점을 구분할 수 있다.
2. 연극 활동을 체험하고 느낌을 표현할 수 있다.
3. 연극의 특성을 안다.[4]

◆ **교사의 역할**

1. 정보 수집과 분석을 위해 학생들이 동화 작품과 극본을 소리 내어 2~3번 읽도록 지도한다.
2. 연극 관련 활동을 위해 등장인물의 성격 및 특성을 파악하도록 한다.
3. 연극 활동은 전체 학생이 참여할 수 있도록 수업 시간을 구성한다.

---

4　5학년 2학기 국어 교과서 〈연극 단원〉 학습목표 관련 활동

| 학습 내용 | 실제 활동 |
|---|---|
| 1) 동화와 극본의 차이점을 인지한다. | • 학생들은 동화와 극본을 1~3회 읽는다.<br>＊개별적으로 읽는다.<br>＊전체가 소리 모아 읽는다.<br>＊각 인물의 배역을 정해 읽는다.<br>• 학생들은 장르적 차이점을 발견하여 발표한다.<br>＊조별 활동을 장려한다. |
| 2) 글 속의 등장인물의 성격 등을 파악한다. | • 동화와 극본을 살핀 후 학생들의 생각을 발표한다. |
| 3) 극본 형식의 글을 써 본다. | • 선생님은 미리 다양한 극본 자료를 준비한 후 학생들에게 보여 준다.<br>＊극본 형식을 모방하여 글을 써 본다.<br>＊부분을 선택하여 새로 써 본다.<br>＊전체를 새롭게 써 본다. |
| 4) 연극을 감상한 경험이나 무대에서 배우로 활동한 경험을 공유한다. | • 선생님은 연극의 범위를 학생들에게 알려 준다.<br>• 학생들이 편안한 마음으로 자신의 경험을 말하게 한다.<br>＊공연예술의 특성을 발견할 수 있도록 꼭 연극이 아니더라도 역할극, 뮤지컬, 음악회 등의 감상 발표를 허용한다. |
| 5) 연극의 특성에 대해 이해한다. | • 연극의 4대 요소는 배우, 관객, 무대, 극본임을 알게 한다.<br>• 연극의 대표적인 특성은 일정한 장소(무대)에서 관객이 지켜보는 가운데 상연되는 현장성과 배우가 직접 연기하는 극본임을 알게 한다.<br>＊직접성 등 연극의 특징을 알려준다. |

◆ **수업 자료** 「거짓말쟁이」[5]를 통해 알아보는 서사문학과 극문학의 차이

## 1. 서사문학(동화)

은수는 청소 시간에 먼지를 자기 쪽으로 쓸어 보냈다며 다짜고짜 시비를 걸어 왔다. 하지만 난 절대 그러지 않았다.

억울했지만 어설프게 대꾸했다가는 도리어 곤란한 상황에 휩쓸릴 것 같았다. 은수와 얽히고 싶지 않아 대꾸를 안 했더니, 녀석은 자기를 무시한다며 내 다리를 걸어 찼다. 주변에 몰려든 은수와 단짝인 애들이 낄낄거리며 비웃었다.

마치 매 맞는 노예처럼 나는 그냥 참았다. 저항할 생각도 못 한 채 속절없이 당하기만 했다. 차츰 다리가 아파 오기 시작했다. 이를 앙다물었다. 빨리 선생님이 와서 이 상황을 끝내 줬으면 하고 실낱같은 희망에 매달렸다. 하지만 나에게 행운은 찾아오지 않았다.

은수 녀석은 자기가 지칠 때까지 한참을 때린 후에야 발차기를 그만두었다.

"아이, 재미없어!"

기호는 내게 시답잖은 말을 툭 내뱉고는 멀어져 갔다.

"기호야, 괜찮아?"

짝꿍 도연이었다.

도연이의 관심이 간신히 버티고 있던 마음을 무너뜨렸다. 눈앞이 어룽거렸다. 하지만 눈물을 보이고 싶지 않았다. 약한 모습을 보였다가는 앞으로도 괴롭힘이 이어질 것 같았다. 아이들에게 내가 결코 하찮은 먹잇감이 아니라는 걸 보여주고 싶어졌다.

---

**5** 배다인(2020), 『난 나쁜 친구야!』 수록작, 소년한길

## 2. 극문학(극본)

| | |
|---|---|
| 장소 | **교실** |
| 시간 | **청소 시간** |
| 등장인물 | **기호, 은수, 도연, 은수의 단짝 1, 2, 3** |

청소 시간, 교실에서 기호는 비질을 한다. 은수는 일부러 기호 쪽으로 다가간다.

| | |
|---|---|
| 은수 | (인상을 찌푸리며 크게 소리친다.) 야, 나한테 쓰레기를 보내? |
| 기호 | (깜짝 놀란 채 표정이 굳는다. 방백6) 아닌데. 괜히 은수한테 잘못 대꾸했다가는 꼬투리만 잡히겠지? (묵묵히 비질을 계속한다.) |
| 은수 | (화를 내며) 너 지금 내 말 무시하는 거야? <br> (기호에게 다가가 대뜸 다리를 건다.) |
| 은수 단짝들 | (흥미로운 표정으로 다가오며) 은수야, 뭐야? 흐흐흐……. <br> (비아냥거리는 얼굴로 은수 주변에 둘러선다.) |
| 기호 | (몸을 움츠리며 주춤거린다. 힐끗 주변을 바라본 후 고개를 숙인다.) |
| 은수 | (기호를 손으로 툭 밀치며) 이 자식이 나한테 쓰레기를 쓸잖아. <br> 완전 재수 없어! (기호에게 또 다시 발길질을 한다.) |
| 기호 | (표정이 일그러진 채, 방백) 선생님이 빨리 오시면 좋을 텐데……. <br> (은수의 발길질을 견뎌낸다.) |
| 은수 | (의아한 표정으로) 뭐야? 이 자식. 꿈쩍도 안 하네. (잠시 멈춘다.) <br> 아이, 재미없어! (툴툴거리며 기호에게서 멀어진다.) |
| 은수 단짝들 | 은수야, 뭐야? 뭔데? (은수 뒤를 졸졸 따라간다.) |
| 도연 | (먼 곳에서 달려오며) 기호야, 괜찮아? (기호를 살피며 위로한다.) |
| 기호 | ……. (두 눈에 눈물이 흐르지만, 도연이 눈길을 피해 고개를 숙인다.) |

---

6 연극에서 등장인물이 말을 하지만 무대 위의 다른 인물에게는 들리지 않고 관객만 들을 수 있는 것으로 약속되어 있는 대사이다.

## 1. 낭독극

대본을 외우지 않고 읽는 낭독극에서 배우들은 역할에 해당하는 대사를 대본을 보고 읽는다. 연기는 미리 준비된 의자에 앉아서 하는 경우가 보편적이지만, 선 채로 움직임을 동반하면서 목소리로 연기하는 경우도 있다. 간혹 연기에 자신이 있는 경우 자유롭게 행동 연기를 첨가해 가며 낭독극을 상연하기도 한다. 낭독극은 보편적으로 육성을 활용해 무대효과 등을 설명하며 최소한의 준비로 연극을 꾸린다. 때문에 관객들은 다양한 상황을 상상해 가면서 공연에 집중해야 한다. 배우 역할을 맡은 학생들은 대사의 전달력이 관객의 몰입도를 높이는 데 작용한다는 점을 고려해야 한다. 일상적인 말하기보다 천천히, 그리고 또렷하게 대사를 발음해야만 객석까지 정확하게 전달된다.

또한 낭독극은 연극과 희곡(극본)의 형식을 잘 알지 못하는 학생들에게 장르의 특성을 쉽게 익히게 할 수 있다. 처음에는 자유로운 분위기에서 자신이 원하는 방식으로 낭독한다. (처음에는 교과서를 낭독하듯 극본을 낭독하는 것도 허용한다. 이는 감정 표현이 서투른 학생이나 신체 연기에 대한 부담을 크게 받는 소극적인 학생들도 쉽게 참여할 수 있다는 장점이 있다.)

차츰 자신감이 생기면 감정을 섞어 가며 역할 속 인물이 말을 하듯 낭독하게 한다. 등장인물의 수만큼 배역을 정한 후 함께 낭독을 할 수도 있다. 배역을 고정하기보다는 바꿔 가면서 낭독하는 과정을 추천한다. 필자는 여러 명의 연기자가 무대 위 의자에 앉아서 펼친 공연을 관람한 적이 있다. 이때 공연자들은 각자의 배역을 음성 언어만을 사용하여 훌륭하게 연기하였다.

교사는 수업에 앞서 일상적 말하기와 낭독의 차이점을 미리 알려 주기를 권장한다.[7] 낭독 활동이 재미만을 추구하는 놀이가 아니라 교육 목표 달성을 위한 활동임을 명확하게 인지시켜 주는 것이다. 연극 관련 수업의 경우 학생들이 놀이로 착각하고 활동하는 예도 종종 발생한다. 이는 연극의 기본 요소 중 놀이적 기능에 기인한 것으로 예견된다. 연습 과정이나 낭독극 실연 중에 시끄럽게 하고 분위기를 산만하게 하는 학생들이 나올 수 있으므로 이를 미리 방지하도록 각별히 주의를 기울여야 한다.

---

[7]    6학년 1학기 국어 교과서 〈극본을 낭독할 수 있다〉 연계 활동

| 활동 | 유의점 및 진행 참고 사항 |
|---|---|
| 1) 인물들이 앞으로 나와 관객이 지켜보는 앞에서 낭독한다. | • 낭독자는 앞으로 나와 서서 또는 미리 준비해 둔 의자에 앉아서 낭독할 수도 있다.<br>• 자유로운 분위기에서 연기자와 관객의 위치를 구분하여 활동하게 한다. |
| 2) 관객은 낭독자를 관찰한 후 잘된 점을 공유한다. | • 되도록 미흡한 점은 언급하지 않는다.<br>  ＊ 지적을 많이 받게 되면 낭독해야 하는 학생들의 부담감이 커지고 위축될 가능성이 크다. 극본은 전체 학생들에게 나눠 주고, 인물의 소리가 작아서 안 들릴 경우는 그 부분을 같이 낭독해 준다.<br>  ＊ 만약 소리를 작게 내면 원인 파악하기 활동도 가능하다. 부끄러워서, 자신감이 없어서 등등 원인을 찾아서 발표하게 한다. |
| 3) 관객과 낭독자의 역할을 바꿔 활동한다. | • 행동하지 않고 목소리로 감정을 표현하게 하고 관객들은 음성으로 표현된 감정을 확인하게 한다.<br>  ＊ COVID-19 등으로 인한 비대면 활동이 확장됨으로써 목소리로 상대의 감정을 파악할 수 있는 능력이 필요해지고 있다. 비대면 활동이 확대되는 상황에서 본 활동은 의미 있는 작업이 될 것으로 예견된다.<br>• 앞서 연기한 학생들의 장점을 적용하여 낭독한다.<br>• 관객들은 연기자의 감정을 표정으로 나타내 본다.<br>  ＊ 공감 능력을 향상시키기 위한 활동으로 권장한다. |

## 2. 역할극

역할극은 본디 연극에서 배우가 다른 인물의 역할을 연기한다는 뜻으로 쓰여 왔다. 하지만 현대에 와서는 주로 심리치료에서 쓰이는 기법으로, 실제로 경험한 사건을 현재의 시간과 공간에서 다시 표현해 냄으로써 재경험하고 재조명하는 활동으로 통한다. 따라서 학생들이 접하기 쉽지 않은 상황을 경험해 보거나 다른 사람의 입장에 서서 역할을 실행해 보도록 유도함으로써 자신이나 타인의 행동에 대한 새로운 통찰을 얻게 할 수 있다.

미리 준비된 극본을 활용한 역할극을 통해 등장인물의 역할에 따라 달라지는 태도를 연습하다 보면 다른 사람들과 맞춰 가는(negotiate) 태도, 문제해결, 의사결정, 상황해결 능력을 익히는 기회가 된다.

교실 공간을 활용하여 무대를 마련하고, 학생들을 연기자와 관객으로 구분한다. 하지만 극장 무대에서 상연하는 전문연극이 아니므로 연기 부담을 줄여주는 것이 중요하다. 또한 본 활동은 '작업을 보여주기 위해 꾸미는 것'이 불필요하다는 것을 확인시켜 준다.[8]

빈공간
(무대와 객석 구분 공간이 필요함)

객석

---

**8**   London Drama 편찬, 양윤석 옮김(2007), 『DRAMA GUIDELINE』, 달라진책, p.147.

자료·정보 활용 역량을 기르기 위해서는 가능한 여러 명이 돌아가면서 역할을 맡아 인물을 구체적이고 직접적으로 체험해 볼 수 있도록 구상해야 한다. 연기자와 관객 역할을 바꿔 가면서 역할극을 진행해도 좋다. 등장인물을 나타낼 수 있는 물건 등을 미리 준비하거나 관객들이 인물을 쉽게 알아볼 수 있도록 이름표 등을 몸에 부착하는 방법도 권장한다. 등장인물의 이름표를 활용하면 여러 명이 쉽게 역할을 바꿔 가며 활동할 수 있다.

❖ 활동 예

| 활동 | 유의점 및 진행 참고 사항 |
|---|---|
| 1) 극본대로 역할 연기를 한다. | • 연기하기 전에 미리 극본을 수정할 수 있다.<br>• 학생들의 참여도를 높이기 위해 자신들이 즐겨 사용하는 생동감 있는 어휘로 바꾸거나 장면을 바꾸는 것을 허용한다. |
| 2) 조를 바꿔서 연기를 한다. | • 1조(연기) ↔ 2조(관객) |
| 3) 역할을 바꾼다. | • 남성, 여성 역할을 뚜렷하게 정하지 않는다.<br>＊예를 들어 여학생이 은수나 기호 역할을 맡을 수 있다. 근대까지 여러 나라에서 여성은 무대에 설 수 없어, 남성이 여성 연기를 맡기도 했다는 사실을 알려주고 역할 연기에 성별 제한이 없다는 점을 인지시킨다. |

**보충 tip**

"역할놀이는 인간관계, 문제 해결, 지도력 그리고 집단 기능을 연구하려는 목적에 사용된다. 역할놀이는 참석하는 사람에게는 우선 여러 가지 상황과 관심 있는 문제가 주어지고 이들을 숙지하게 한다. 그러고 나서 이에 대한 반응을 행동으로 만들어 보여주게 한다."[9]

**9** 남세진(1997), 『역할놀이』, 서울대학교출판부, pp.1 - 3.

# ◈ 자료 · 정보 활용 역량을 기르는 조별 활동

## 1. 장르적 차이점 발견하기

책, 연극, 영화 등 다양한 형식으로 표현된 작품을 살펴보도록 미리 과제를 내어 조사하게 할 수 있다. 교실에서는 조사한 내용을 각 조별로 발표하고, 종합하고, 평가하는 등의 활동을 통해 극본이란 문학 장르에 대한 이해를 도울 수 있다.

직접 찾은 자료나 정보 및 인터넷/유튜브 검색 등 다양한 채널을 활용해 조사할 수 있도록 도움을 주고, 조사를 진행하면서 느끼게 된 점을 발표하게 한다. 또한, 무대극, 역할극 등 다양한 연극적 활동의 특성을 발견할 수 있도록 허용적인 분위기를 유도한다. 수업 하루 전에 미리 알려 연극 감상 관련 사진 또는 관람 티켓이 있으면 가져와서 발표하는 것도 권장한다.

### 극본(희곡)의 특징

① 막/장으로 나뉘어 있다.

② 대사, 지문, 해설 등으로 이루어져 있어 연기자의 말과 행동을 지시한다.

③ 시간, 공간적 제약이 있다. (등장인물 수에 제약이 따르기도 한다.)

④ 주로 대화(대사)로 이루어져 있다.

⑤ 현재 시제를 사용하는 경우가 많다.

⑥ 등장인물 간의 갈등과 해소 과정이 주된 내용이다.

### 소설의 특징

① 주로 서술, 대화, 묘사 위주로 쓰인다.

② 이야기를 이끄는 이(서술자)가 있다.

③ 작가의 상상에 의해 꾸며진 가공의 세계이다. 허구적이다.

④ 시간적, 공간적 배경이 다양하고 자유롭다.

⑤ 대부분 현실에 있을 법한 사건을 다룬다.

⑥ 일정한 시간의 흐름에 따라 이야기가 전개된다.

## 2. 등장인물의 자료나 정보 수집하기

극본 속 대사와 지문을 토대로 추측한 등장인물의 심리와 상황을 정리한다. 시간과 배경 등등 조사한 내용을 조별 토의로 정리한 후, 아래 표를 채워 발표 수업을 진행할 수도 있다. 아래 표 안 내용은 정답이 아닌 예시이므로, 학생들이 각자 채우도록 권장한다. 또한 세부사항 역시 작품에 따라 자유롭게 항목을 설정하여 활동하게 하게 할 수 있다.

| 등장인물<br>행동·사건 | 나(기호) | 은수 | 도연 | 주변 친구들 |
|---|---|---|---|---|
| 상황 | 억울한 상황에 처함 | 시비를 검 | 놀라 다가옴 | 방관하고 즐김 |
| 성격 | 내향적 | 외향적 | 우호적 | 편향적 |
| 사건 | 억울하게 친구에게 발길질을 당함 | 청소 시간에 기호를 때림 | 친구가 난처한 상황임을 발견함 | 비웃음 |
| 친구 관계 | 소극적 | 주도적으로 휘어잡음 | 친구를 보살핌 | 약자를 괴롭힘 |
| 개선할 점 | 억울함을 묵인한 점 | 친구를 괴롭힌 점 | 아직 발견 안 됨 | 나쁜 친구와 동조한 점 |

## 3. 짝 활동: 극본 읽기

조별 활동에 제약이 있는 상황이라면, 짝 활동으로 극본을 읽고 그에 대한 감상을 나누는 활동으로 대체할 수 있다. 극본을 낭독하는 데 의의를 두고, 낭독을 마치면 가장 인상 깊었던 장면이나 대사 등을 정리해도 좋다. 극본을 읽으면서 극본 속 대사와 지문, 해설 등을 구분하는 활동으로 연계할 수도 있다. 학생들이 발표를 꺼리는 경우, 선생님이 먼저 낭독 시범을 보인다.

| 활동 | 참고 사항 |
|---|---|
| 1) 짝과 함께 인물의 대사를 실감나게 표현하기 | • 처음에는 발음에 신경 써 가며 천천히 말한다.<br>• 점점 빠르고 정확하게 말한다.<br>• 무대에서 연기하는 배우처럼 말해 본다. |
| 2) 대사 없이 몸이나 표정으로 등장인물의 감정 파악하기 | • 〈5-2 마음이나 생각을 몸짓으로 표현할 수 있다〉 관련 활동<br>　* 미리 다양한 감정의 종류에 대해 알아본다.<br>　　(예: 기쁨, 슬픔, 분노, 사랑, 감동 등등)<br>　* 미리 준비한 감정 카드를 한 명씩 고른 후, 카드 속 감정을 신체를 활용해 표현해 본다.<br>　　또는 조별 활동으로 진행하여, 한 명이 감정 카드를 고르면 나머지 학생들이 그 감정을 표현할 수도 있다.<br>• 〈5-2 이야기 장면을 표현하며 재미를 느낄 수 있다〉 관련 활동<br>　* 다양한 감정을 표정으로 표현해 본다.<br>　　예: 교사가 전체 학생들을 대상으로 다음과 같은 활동을 한다.<br>　　　"여러분 슬픈 표정을 지어 보세요."<br>　　　"슬플 때는 몸동작을 어떻게 표현할까요?"<br>• 〈5-2 자기가 되고 싶은 인물을 떠올리며 감정을 즉흥 표현을 할 수 있다〉 관련 활동<br>　* 역사 속 인물들의 감정을 표현해 본다.<br>　　예: "이순신 장군이 일본 배를 격퇴했을 때 어떤 느낌이었을지 표현해 볼까요?"<br>　　　"안중근 의사가 이토 히로부미를 저격한 후 일본 경찰에 붙잡혔을 때 어떤 감정을 느꼈을까요?" |

| | |
|---|---|
| 3) 칭찬하기 | * 앞선 1), 2) 활동을 관찰하고 잘된 점을 찾아서 칭찬한다.<br>연극적 표현을 앞두고 자신감과 동기 부여를 위한 장치이므로<br>평가적 차원에서 벗어나 긍정적인 측면을 최대한 발견하도록 한다. |

## 4. 연극의 특성 발견하기

시청각 매체를 활용하여 연극 관련 영상을 미리 준비하여 아이들에게 시청하게 하고, 각자 발견한 연극의 특성을 자유롭게 발표하게 한다. 덧붙여 동일한 작품을 바탕으로 만들어진 연극/영화/뮤지컬 등 다양한 장르의 추가 자료를 준비한다면, 이들의 차이점을 통해 연극만의 특성을 발견할 수 있다.

《어린 왕자》,《마틸다》처럼 널리 알려진 작품은 원작 소설 이외에도 그림책, 만화, 연극, 뮤지컬, 영화, 애니메이션 등 다양한 장르로 재구성되어 있어, 다양한 시청각 자료를 준비하기 수월하다.

**보충 tip**

**연극의 특징**

연극에는 많은 특징이 있지만, 대표적인 것만 소개한다.

① 현장성: 관객이 있는 현장에서 살아 있는 배우가 직접 공연을 한다.

② 일회성: 내용은 같은 작품이지만 매회 새로운 공연이 펼쳐진다. 예를 들어, 같은 작품을 일주일 동안 공연한다고 해도 매번 배우의 감정 및 신체적 상태가 다르고, 이를 감상하는 관객도 달라지기 때문에 같은 공연이라 하지 않는다.

③ 종합예술: 희곡, 연출, 연기, 음악, 무용, 무대미술, 조명 등 다양한 예술 영역이 합해져서 공연이 펼쳐진다.

④ 환상성: 어느 시대이든 무대에서 연기가 시작되면 그 시대로 인지하고, 현실과는 다른 상상성을 발휘한다.

▶ 〈거짓말쟁이〉를 읽고, 친구와 사이좋게 지낼 수 있는 방법을 생각해 보세요.

   1) 고운 말을 사용한다.

   2) 이유 없이 시비를 걸지 않는다.

   3) _____

   4) _____

   5) _____


▶ 친한 친구의 표정과 행동을 써 보세요.

   1) 기분이 좋을 때

     – _____

     – _____


   2) 기분이 나쁠 때

     – _____

     – _____


   3) 기분이 보통일 때 (좋지도, 나쁘지도 않은 상황)

     – _____

     – _____

▶ 친구를 괴롭히는 상황을 목격했을 때, 현명한 행동은 무엇일까요?

1) 선생님이나 부모님 등 내가 믿을 수 있는 사람에게 말한다.

2) _____

3) _____


▶ 친구가 험한 말이나 행동을 했을 때, 어떻게 행동하면 좋을까요?

1) 그런 행동을 하지 않아야 하는 이유를 설명한다.

2) _____

3) _____


▶ 나도 모르게 친구에게 험한 말이나 행동을 했다면, 어떻게 사과해야 할까요?

1) 편지를 써서 진심으로 사과한다.

2) _____

3) _____

# 2장 | 의사소통 역량 기르기

인간은 사회 속에서 더불어 살아가야 하기에 언어를 매개체로 하는 의사소통 역량은 사회생활을 위한 필수적인 요소이다. 사회생활을 잘 하기 위해서는 자신의 생각을 상대방에게 조리있게 잘 전달하고, 거꾸로 상대방의 의도한 바 역시 명확하게 파악하는 능력을 길러야 하는 것이다.

대화를 하면서 발화문의 의미를 파악했다고 원만하게 대화를 이끌어 나갈 수 있는 것은 아니다. 발화문보다 더 중요한 것은 상대방이 지금 여기서 왜 그런 발화문을 사용하였는지 그 의도를 파악하는 것이다. 즉, 대화에서 가장 중요한 것은 발화문의 의미 자체를 판단하는 것이 아니라 의도된 의미를 파악하는 것이다.[10]

따라서 대사 위주로 쓰인 극본은 의사소통 능력을 함양하는 데 적절한 자료이다. 등장인물들의 대사 속 의미를 깊이 살펴보는 활동을 통해 의사소통의 원리와 기능을 깨닫고 등장인물들의 감정을 깊이 있게 이해함으로써 의사소통 능력을 높여 갈 수 있다.

덧붙여 극본 속 지문을 통해서는 의사소통 기법 중에 하나인 비언어적 커뮤니케이션의 의도 역시 파악할 수 있다. 몸짓, 자세, 시선, 표정, 행동 등과 같이 언어 이외의 다양한 수단을 이용해 소통을 할 수 있음을 깨닫고, 보다 원활한 의사소통 방법에 대해 생각해 보는 기회로 삼을 수 있다.

◆ **수업 목표**

1. 구어 의사소통의 특성을 바탕으로 하여 듣기·말하기 활동을 한다.[11]
2. 의견을 제시하고 함께 조정하며 토의한다.[12]
3. 감정이나 생각을 몸짓으로 표현할 수 있다.

---

**10**  구현정·전영옥(2011), 『의사소통의 기법』, 도서출판박이정, pp.113-115.
**11**  초등 국어과 〈듣기·말하기〉 교육 성취 기준 (6국 01-01) 관련 활동
**12**  초등 국어과 〈듣기·말하기〉 교육 성취 기준 (6국 01-02) 관련 활동

◆ **교사의 역할**

1. 의사소통의 필요성을 설명하고 관계 개선을 위한 대화 전략을 알려준다.
2. 다양한 감정을 표현하고 느낄 수 있도록 허용적인 분위기를 권장한다.
3. 교육연극의 기법을 통해 등장인물의 감정을 공감할 수 있도록 한다.
4. 표정과 몸짓으로 표현하는 감정을 일반화하지 않고 개별성을 인정한다.

❖ 활동 예

| 학습 내용 | 실제 활동 |
|---|---|
| 1) 의사소통의 중요성과 특성을 설명한다. | • 상대방에게 내 생각을 제대로 전달할 방법을 찾아본다.<br>• 대화 속 의도된 의미를 파악해 본다.[13] |
| 2) 인터뷰 활동에 임하는 자세 및 태도를 설명한다. | • 질문을 명확하게 하는 방법을 소개한다.<br>• 질문에 답하는 올바른 자세를 발표하게 한다. |
| 3) 감정이나 생각을 몸짓으로 표현한다. | • 다양한 감정 표현이 담긴 영상을 준비해 보여준다.<br>• 상대방의 표정을 보고, 학생들에게 감정이나 생각을 유추하게 한다.<br>• 조별 활동 혹은 짝 활동을 통해 친구의 표정을 보고 기분을 유추하게 하여, 표정과 행동은 개별적인 차이가 있을 수 있다는 점을 인지하게 한다. |

---

**13** 아래 밑줄 친 부분처럼 일상 대화 속 비언어적 커뮤니케이션의 의도를 파악하게 한다.

선생님: 동현아, 오늘 왜 지각했어?
동현: (고개를 숙인다.)
선생님: 수현이는 머리 스타일이 잘 어울리네.
수현: (환하게 웃으며) 우리 엄마가 다니는 미용실에서 잘랐어요.

### 〈거짓말쟁이〉 중 3막 일부

기호는 교실로 들어선다.

| | |
|---|---|
| 승기 | (기호를 발견하고서 소리친다.) 기호, 너 진짜 나쁘다! |
| 기호 | (멍한 표정으로 바라본다.) ……. |
| 승기 | (기호에게 가까이 다가가며 소리친다.) 거짓말쟁이! 정직 타령이더니 완전 실망이야! (속은 것에 분하다는 표정으로) 어제 나한테 전화로 말한 것도 다 가짜지? 거짓말이 탄로날까 봐 일부러 휴대폰을 안 가져온 거지? |

기호, 아무 말도 못 한 채 바짝 굳어 있다. 은수와 단짝들이 수군대기 시작한다.
승기는 거친 숨을 내쉬며 얼굴이 벌겋게 달아오른다.

| | |
|---|---|
| 승기 | (벌게진 얼굴로) 거짓말쟁이, 내가 개뻥에 완전 속아 넘어갔네. (발까지 탕탕 구르며 행동을 크게 한다.) |
| 은수 | (승기 어깨를 툭 치면서) 승기야, 그만해. (비웃는 얼굴로 기호를 바라본 뒤) 우리랑 운동장에 가서 축구나 하고 오자. |
| 승기 | (환한 미소를 지으며) 진짜? 나도 끼워 주는 거야? |
| 은수 | (고개를 끄덕이더니 출입문을 향해 걸어간다.) |
| 승기 | 기분도 꿀꿀했는데 고마워! 은수야, 너 진짜로 기호한테 메시지 보낸 적 없지? (은수 곁으로 바짝 다가가며 묻는다.) |
| 은수 | 하하하, 그러니까 애들이 너더러 천연기념물이라고 하지. (기분이 좋게 웃어 보인 뒤) 어제 너무 심심해서 장난으로 보내긴 했어. 내가 뭐라고 했더라? (걸음을 멈춰 서서 기호 쪽을 돌아본다.) 근데 저 녀석이 유치한 이모티콘으로 답장을 보내더라고. 시시하게 말이야. 너도 볼래? (핸드폰을 꺼낸다.) |
| 승기 | (깜짝 놀란 표정으로) 뭐? (잠시 말을 멈춘다.) 너, 조금 전에는 기호한테 메시지 보낸 적 없다고 했잖아. (기호를 잠깐 살펴 본 뒤) 네 말만 믿고 기호한테 거짓말쟁이라고 소리쳤는데. (따지듯이) 너, 나한테도 거짓말한 거야? |
| 은수 | 하하하, 너 기호한테 화내는 걸 보니까 엄청 귀엽던데. 크크크. (반 애들이 다 들을 수 있게 큰 소리로 말한다.) 심심해서 장난한 거니까 이제 그만 신경 꺼. |

반 애들이 수군대기 시작한다.
기호 쪽을 바라보며 거짓말쟁이라고 말하는 애들이 있다. 낄낄거리며 비웃는 애들도 있다.
기호는 자리에서 벌떡 일어나 교실 밖으로 뛰쳐나간다.

## ◆ 의사소통 역량을 기르는 연극 활동

### 1. 등장인물 인터뷰

인터뷰는 질문하는 인터뷰어(interviewer)와 질문에 답을 하는 인터뷰이(interviewee) 사이의 의사소통이다. 교육연극에 인터뷰 기법을 도입할 때에는 관객들이 질문을 던지고, 등장인물을 맡은 연기자들이 등장인물의 입장에서 대답을 하도록 변용을 할 수 있다.

관객들은 질문을 만들고, 등장인물의 배경에 대한 다양한 자료를 조사 및 분석하여 역동적이고 가변적인 질문 과정에서 의사소통 방법을 배운다. 이는 질문을 받는 연기자들도 마찬가지이다. 인터뷰를 진행하는 동안 질문에 대답하기 위해 집중하여 질문자의 말을 경청해야 한다. 또 중요한 정보를 놓치지 않기 위해서는 어떤 듣기 자세가 필요한지를 배우게 된다. 이와 같은 과정 속에서 의사소통에 필요한 상대방을 존중하는 자세와 올바른 듣기 자세에 대해서도 익힐 수 있다.

인터뷰를 진행하다보면 글에서 얻을 수 없는 정보를 얻거나 놓치기 쉬운 세부 상황을 발견하기도 한다. 인터뷰 과정에 인물의 심층 성격이 드러나게 되고 줄거리에 없는 인물의 내면 세계까지 접근할 수 있기 때문이다. 또한 생생한 메시지를 직접 들을 수 있으며, 누군가의 삶과 생각, 가치관을 살필 수 있다. 이처럼 인터뷰 활동은 타인의 시각을 수용하고, 상대방의 시각으로 세상을 볼 수 있기에 인간에 대한 이해 폭이 확장되고 올바른 의사소통 기법을 습득할 수 있는 활동이다.

❖ 자리 배치

\* 초대 인물이 1명인 경우에는 깊이 있는 질의응답이 가능하다.
\* 여러 명을 초대하면, 질문이 한 인물에게 쏠릴 수 있으니 유의해야 한다.

❖ 활동 예

| 활동 | 유의점 및 진행 참고 사항 |
|---|---|
| 1) 작품 속 인물을 초대한다. | • 작품 속 등장인물 중 초대할 인물을 정한다.<br>＊상황에 따라 여러 명을 한자리에 초대할 수 있다. 여러 명을 초대했을 경우는 먼저 한 명씩 기분이나 느낌을 말하게 하고 나머지 학생들은 초대 인물의 말을 집중하여 듣는다.<br>• 초대한 인물은 교실 앞 의자에 앉게 하고 자유롭게 기분이나 느낌, 지금의 상황 등을 말하게 한다.<br>＊인터뷰에 임하기 전 초대 인물로 정해진 학생의 긴장을 미리 풀어 준다. |
| 2) 질의응답을 한다. | • 질문의 의도를 제대로 파악하고 대답해야 한다는 점을 언급한다.<br>• 질의응답을 할 때에는 발음을 명확하고 또렷하게 해야 한다는 점을 소개한다.<br>• 상대방의 이야기를 끝까지 경청하는 자세를 강조한다.<br>＊"듣기 싫어", "조용히 해!" 하면서 다른 친구의 말을 전혀 듣지 않으려는 학생들이 있는데 이와 관련한 언어를 미리 선생님이 사용해 본다. |
| 3) 타인의 감정을 파악한다. | • 1)~2) 단계 활동 후 각 인물들이 어떤 감정을 느낄 것인지 질문하여 그 대답을 생각하게 한다.<br>＊감정 카드 등의 부교재를 활용하면 좋다. 타인의 관점에서 느끼고 생각하는 연습을 한다. |

**관계 개선을 위한 전략[14]**

1. 문제를 진단하고 표현하라: 관계가 악화되도록 한 문제를 상대방의 입장에서 보려고 노력해 본다.

2. 긍정적인 갈등 해소 방법을 이용하라: 더 건전하고 더 강력한 관계로 진전되기도 한다.

3. 서로 상대방을 긍정하라: 상대방을 긍정한다는 것을 나타내는 동작언어인 미소, 포옹, 애정 표현 등을
   많이 사용하고 감사, 칭찬 등과 같은 음성언어를 많이 사용한다.

4. 해결 방안을 일상 태도에 반영하라: 호의를 베풀고, 칭찬하며, 감사를 표현하고, 애정을 표현하는
   것은 날마다 이루어져야 한다.

5. 나 먼저의 원리를 적용하라: 내가 먼저 호의를 베푸는 것이다.


## 2. 마임

인간의 신체를 움직이는 활동은 언어 능력을 촉진할 뿐만 아니라 감정을 계발하고 표현할 수 있게 해 준다. 특히 마임 활동을 통해 말로 표현하기 전에 등장인물의 환경과 인물과의 관계 등을 탐구하면 등장인물에 대한 이해력을 높이는 데 도움을 줄 수 있다.

마임은 음성 언어를 사용하지 않고, 신체 언어만을 사용하여 의견을 전달하는 의사소통 방식으로, 이를 활용하면 비언어적 의사소통 수단도 중요하다는 점도 깨닫게 할 수 있다. 미국 캘리포니아대학교 심리학과 명예교수인 메라비언은 언어전달에서 음성언어의 내용보다 표정, 제스처, 어투, 억양 등 비언어적인 요소에 훨씬 많은 정보가 들어 있다고 주장했다. 따라서 마임 활동을 잘 관찰함으로써 의사소통을 훨씬 잘할 수 있는 정보를 얻게 될 뿐만 아니라 자신의 신체를 사용한 표현능력, 더 나아가 예술적 표현능력까지 기를 수 있다.

마임을 교육연극에 적용하려면, 교실 내에 둥근 원 대형을 만들 수 있으면 좋다. 원 안에 마임 연기자 한 명이 들어가고 나머지 학생들은 동그랗게 연기자를 둘러싸고 앉는다. 연기자가 신체만으로 표현하는 행동을 보고 연기자가 의도하는 바를 알아맞히는 식으로 프로그램을 진행할 수 있다. 커다란 천이나 풍선, 감정 카드처럼 다양한 소도구를 활용해도 좋다.[15]

---

**14**  구현정·전영옥(2011), 『앞의 책』, pp.327-329.

**15**  배덕임(2016), 「전래동화를 활용한 교육연극 효용성 탐구」, 『한민족어문학회 제72집』, pp.140-141.

### 등장인물의 의사소통 능력 살펴보기

조별 토론을 통해 극본 속 주요 사건을 중심으로 등장인물들이 처한 상황과 그때의 행동을 깊이 있게 살펴볼 수 있다. 극본 속 갈등 상황을 아래 예시의 표 등으로 정리해 발표를 하면, 의사소통의 방법·기능·예절 등을 파악하고 의사소통 능력의 기초를 다질 수 있다.

교사는 의사소통을 할 때에는 언어적·비언어적 방식 모두 쓰인다는 점을 강조하여 주지시키고, 특히 어떤 방식이 다른 사람과 친밀관계를 맺고 유지하게 하는지, 다른 사람을 돕는지, 다른 사람의 행동을 변화시키는지에 대해 학생들이 토의하도록 권장한다.

❖ 예시

| 등장인물<br>상황 · 행동 | 나(기호) | 은수 | 승기 | 주변 친구들 |
|---|---|---|---|---|
| 승기가 기호에게<br>나쁘다고 소리침 | 제대로<br>대응하지 못함 | 비언어적 참여 | 화내면서<br>소리침 | 살펴보고 있음 |
| 은수가 승기에게<br>같이 축구하자고 함 | 슬픔을 느낌 | 승기를<br>대견해함 | 기뻐함 | 부러운 시선을<br>보냄 |
| 은수가 문자 보낸<br>사실을 털어놓음 | 안도감을 느낌 | 미안함을<br>느끼지 못함 | 당황함 | 무관심 |
| 친구들이 비웃음 | 창피함<br>놀린다고<br>생각함 | 당연하게 느낌 | 미안함을<br>느낌 | 같이 비웃음 |

　아래의 예시를 그대로 사용해도 좋고, 혹은 학생들에게 직접 감정을 표현한 그림을 그리게 해 감정 카드를 만들어 감정 표현, 마임 등의 수업 교재로 활용할 수 있다.

기쁨　　　　　　　화　　　　　　　부끄러움

슬픔　　　　　　　설레임　　　　　　걱정

아픔　　　　　　　즐거움　　　　　　궁금함

공동체·대인관계 역량은 공동체 역량과 대인관계 역량으로 나누기도 한다.[16] 공동체 역량은 가족, 학교, 지역사회, 국가 등의 공동체 구성원으로서 요구되는 가치와 태도를 받아들이고 주변 사람들과 원만한 관계를 형성·유지하고 상호작용할 수 있는 능력이다. 대인관계 역량은 다른 사람의 생각이나 감정을 잘 이해하며 조화롭게 관계를 유지하고, 갈등이 생겼을 때 이를 원만하게 해결할 수 있는 능력으로, 현대 사회에 있어 필수적인 역량이다.

교육연극은 특히나 반 구성원 전체가 적극적으로 참여해야 하는 만큼, 공동체 내에서 구성원으로서의 역할과 상호작용 능력을 중시한다. 교육연극을 활용하는 수업에서는 가급적 학급 구성원 전체가 참여하여 자연스럽게 사회화 과정을 익히도록 구성하는 게 바람직하다.

◆ 수업 목표

1. 공동체 구성원으로서 요구되는 자세를 이해하고 적용할 수 있다.
2. 다른 사람의 생각이나 감정을 잘 이해할 수 있다.
3. 다른 사람과 갈등이 생겼을 때 원만하게 해결할 수 있는 능력을 높인다.

◆ 교사의 역할

1. 공동체의 의미를 파악할 수 있도록 영상, 짧은 드라마 등 관련 자료 준비한다.
2. 주변 사람과의 상호작용의 필요성을 설명한다.
3. 다른 사람과 갈등이 생겼을 때 원인이나 불편한 점을 생각하게 한다.

---

**16**  김혜련(2019), 「2015 개정 국어과 교육과정의 '문학' 영역 검토: '공동체·대인관계 역량'을 중심으로」, 『돈암어문학 제36집』, pp.349-383.

| 학습 내용 | 실제 활동 |
|---|---|
| 1) 공동체에 대해 이해한다. | • 학교, 마을, 도시, 국가, 종교단체, 각종 사회봉사단체 등 알고 있는 공동체의 종류를 조사하고 발표한다.<br>• 공동체를 유지하기 위해서 요구되는 조건을 조사해 본다.<br>• 바람직한 공동체의 요건을 생각해 본다. |
| 2) 공동체 구성원들의 다양한 관계를 파악하고 살펴본다. | • 친구가 내 감정을 제대로 이해해 줘서 감동 받거나 기뻤던 경험, 반대로 내 감정을 몰라 줘서 서운했던 경험을 발표한다.<br>• 우리 반 공동체의 개선점, 혹은 반 친구들에게 바라는 점을 적어 본다. |
| 3) 갈등 상황에 대해 이해한다. | • 갈등의 의미를 조사해 본다.<br>• 각자 겪었던 갈등 상황을 떠올려 보고, 갈등의 원인과 해결 방법 등을 발표한다.<br>• 갈등이 미치는 영향은 무엇인지 생각하게 한다.<br>• 갈등을 겪고 나타난 심리적 변화를 떠올리게 한다. |

## ◆ 수업 자료

### 〈가짜 산타〉 중 3막 일부

점심시간에 유미는 수현이 가까이에 있는 아이들을 불러 식당으로 몰려간다. 수현은 혼자서 점심을 먹고 교실로 돌아온다. 이제 수현이와 눈도 마주치는 아이가 없다.

| | |
|---|---|
| 수현 | (시끌벅적 애들 소리가 들리자 재빨리 책을 읽는 척한다.) |
| 지민 | (수현에게 다가가 책을 읽고 있는 수현 등에 손을 얹으며) 무슨 책 읽어? |
| 수현 | (대답 대신 고개를 들어 지민을 바라본다. 눈물이 돈다.) |
| 지민 | (수현의 눈길을 피하며) 힘내! |
| 수현 | (아무 대꾸도 못 한 채 몸을 떤다.) |
| 유미 | (교실 안으로 들어서며 날카로운 목소리로) 지민아, 너 거기서 뭐 해? |
| 지민 | (태연한 목소리로) 수현이가 책 읽고 있어서 무슨 책을 읽는지 물어봤어. |
| 유미 | (수현과 지민에게 가까이 다가와서) 치! 수현이 넌, 원래 책 읽기 싫어하잖아. 지민이가 진짜 책 읽는 거 좋아하지. (책상 위에 놓인 수현이 책을 집어 들면서) 그러니까 이건 너 가져. 산타 선물이야. (지민에게 책을 건넨다.) |
| 수현 | (아무런 대꾸도 못 한 채 고개를 숙이고 앉아 있다.) |
| 지민 | (유미를 향해) 이걸 왜 나한테 주는 거야? |
| 유미 | 산타 선물이야. 난 산타잖아. (씩 웃어 보인다.) |
| 지민 | (잠시 생각에 잠기더니 덥석 책을 받아든다.) |
| 유미 | (환하게 웃으며 좋아한다.) |
| 수현 | (깊은 절망에 빠진 표정으로 변한다.) |
| 지민 | (당당하고 또렷한 목소리로) 유미야, 잘 들어. (잠시 말을 멈춘다.) 넌 산타가 아니야. 가짜 산타 행세 같은 유치한 행동은 이제 그만했으면 해. 계속 이런 행동을 하면 보고만 있지 않을 거야. 난 산타는 아니지만, 이 책을 수현이에게 돌려줄래. 이건 원래 수현이 거였으니까. (지민은 수현이 책상 위에 책을 내려놓는다.) |
| 유미 | (불쾌한 목소리로) 그건 산타에게 받은 선물이니까 네 맘대로 해. (휙 토라져 자기 자리로 돌아간다.) |
| 지민 | (말없이 수현 등에 손을 얹고 가만가만 토닥여 준다.) |
| 수현 | (주르륵 눈물을 흘린다.) |

## ◆ 공동체 · 대인관계 역량을 기르는 연극 활동

### 1. 프리 토킹

프리 토킹은 단어 그대로 자유로운 분위기에서 대화를 하는 것으로, 상황 속에서 느꼈던 감정 등을 거리낌 없이 말할 수 있도록 배려한다. 따라서 학생들이 말을 하는 동안 누구도 말을 끊거나 제재를 가하지 않는 것이 가장 중요하다. 공동체 생활 속에서 자신의 의견만을 주장해서는 안 된다는 것을 체험하게 하기 위함이다.

이 활동은 말하기 방식을 역할자가 자유롭게 선택할 수 있게 한다. 전통적인 연극처럼 역할 속의 인물과 적합한 말하기 방식을 채택할 수도 있고, 책을 읽는 듯한 말하기 방식을 선택할 수도 있다. 또는 웅변에 사용되는 말하기 방식을 선택하거나 누군가의 말을 그대로 따라하는 방식을 선택할 수도 있다. 이처럼 다양한 방식 중에 역할자가 선호하는 말하기 방식을 선택하도록 한다.

본 활동은 다양한 사람들의 의견을 듣는 것을 권장하기 때문에, 역할자를 한 명으로 한정하지 않고, 여러 명이 돌아가면서 생각을 발표하게 하면 좋다. 학생들은 같은 상황에 처한 등장인물 역할을 맡으면서, 사람에 따라 각기 다르게 생각할 수 있다는 사실을 체험하게 될 것이다. 대신 발표자는 멀리서도 또렷이 들을 수 있도록 발화에 신경을 쓰도록 한다. 선생님은 프리 토킹 활동 중에 현재 어떤 느낌인지 등등을 물어서 관심을 이끌어 낼 수 있다.[17]

앞서 수업 자료로 소개한 극본 속 갈등 상황을 함께 읽고, 등장인물 중 수현 역할을 맡은 학생에게 어떤 생각이나 감정을 느끼는지 말하게 한다.

❖ 활동 예

- 가능하면 수현 역할을 여러 명이 돌아가면서 맡게 한다.
- 수현 역할을 맡은 학생은 지금 자신이 생각하고 있는 것을 말해도 되고, 극본을 벗어나 아무 말이나 자유롭게 해도 된다. 이야기를 듣는 관객들은 수현의 말을 듣고 수현이 지금 어

---

**17** 배덕임(2016), 「앞의 논문」, p.142.

떤 생각을 하고 있고, 어떤 기분인지를 파악해 간다.

- 수현 역할을 맡은 학생은 "지금 내 마음은 어떨 것 같아?", "이런 때는 어떻게 하는 게 좋아?" 등등 관객을 향해 질문이나 도움을 요청할 수도 있다.
- 연기자의 심리적 부담을 덜어 주기 위해 미리 가면을 만들어 사용할 수도 있다.
- 다른 사람의 이야기 속에 나의 감정을 담아서 표현하면 말하지 못하고 있던 고민도 의외로 쉽게 털어놓을 수 있는 점을 활용해 본다.

**보충 tip**

프리 토킹 활동은 학생들의 일상생활과 관련된 주제로 이야기를 확장할 수 있다.
신문고처럼 학생들이 자유롭게 나와서 이야기를 하게 한다. 이야기가 진행되어 가는 과정에
학급의 문제점이 드러날 가능성이 있다. 또는 억울한 일을 당했던 경험을 발표하게 되어
문제 상황을 조기에 발견하고 해결 방법을 제시하는 기회를 포착할 수도 있다.

## 2. 상황극

상황극은 참여자들에게 특정한 상황이나 조건을 주고 그에 따라 즉흥적인 반응을 이끌어 내며 진행하는 극으로, 극중 상황을 다양한 측면에서 스스로 관찰하고, 분석·탐구하는 연습을 할 수 있다는 장점이 있다.

특히 갈등 상황을 다루는 극본을 수업 자료로 선택하면, 배경이나 상황을 바꾸어 어떤 변화가 일어나는지 살펴볼 수 있을뿐더러 갈등 해결을 위해 어떤 점을 바꿔야 좋을지 탐구하게 된다. 상황극은 관심 있는 부분을 새롭게 덧붙여 첨가하는 활동으로도 이어갈 수도 있다.

이 책 3장에서 제시된 극본 중에서 갈등 상황이 돋보이는 장면을 자유롭게 선택하여 다음 방법으로 등장인물들이 처한 상황을 제대로 파악하게 하는 데 교육 목표를 둔다면, 아이들이 스스로 갈등을 해결하는 과정을 익힐 수 있을 것이다.

❖ 활동 예

- 등장인물의 역할을 바꿔 가면서 연기해 보게 한다.
  - 수현 역할이 유미 역할로 바꾼다.
  - 유미 역할이 지민 역할로 바꾼다.

- 극본과 반대의 상황을 만들어 연기해 보게 한다.
  - 지민이 수현을 놀린다.
  - 지민이 수현을 놀리는데 유미가 외면한다.

- 등장인물의 성격을 바꿔서 행동하는 모습을 연기해 보게 한다.
  - 수현이 구박을 받을 때 큰 소리로 따지며 대든다.

- 극본에 없는 새로운 등장인물을 추가해 연기해 보게 한다.
  - 수현을 도와주는 친구가 있다.

**보충 tip**

상황극은 국어뿐만 아니라 영어, 사회 등 다양한 교과에서도 활용되고 있다.
특히 요즘은 TV나 유튜브 등 미디어 매체를 통해 상황극을 활용한 콘텐츠를 많이 접할 수 있기
때문에, 학생들의 관심도나 수업 참여도를 높일 수 있다. 조별로 상황을 만들어서 학생들에게
짧은 콘티를 짜 보게 하여 공동체 활동에 임하게 한다.

## ◆ 공동체 · 대인관계 역량을 기르는 조별 활동

극본을 읽고 아래와 같은 형식의 표를 연극 활동 전에 먼저 작성하면 공동체·대인관계 역량에 도움이 될 내용을 찾아 토의하기가 쉬워진다.

주변의 다양한 공동체들을 찾아보고, 각자의 역할에 맞는 행동을 생각하다 보면 개인의 권리와 자유를 주장하기 위해 의무와 책임이 따른다는 점을 자연스레 깨닫게 되고, 타인의 배려에 대해 깊이 생각하는 계기로 삼을 수 있다.

**여러 공동체와 그 공동체의 구성원들에게 필요한 행동을 생각해 봅시다.**

| 구성원<br>공동체 종류 | 임원 (단체장) | 구성원 개인 | 구성원 전체 |
|---|---|---|---|
| 학급 | 학급 대표로서 책임감을 갖고 행동한다. | 규율을 잘 지킨다. | 다른 구성원들과 원만하게 지낸다.<br>질서를 잘 지킨다. |
| 마을 | 봉사정신을 갖는다. | 이웃을 생각한다. | 서로 배려하고 규칙을 지켜간다. |
| 동아리 | 리더십을 발휘한다. | 책임감을 갖는다. | 공동체 정신과 소명의식을 갖는다. |
| 도시 | 지역사회의 발전을 위해 노력한다. | 자긍심을 갖고 생활한다. | 각자의 역할에 충실한다.<br>주변 사람과 화합한다. |
| 나라 | 국가의 위상을 높이기 위해 지도력을 발휘한다. | 의무 이행에 충실한다 | 책임감을 갖고 성실하게 생활한다. |

## ◆ 공동체 · 대인관계 역량을 기르는 표현 활동: 극본 다시 쓰기

'프리 토킹' 활동과 '상황극' 활동을 한 뒤, 원작의 내용을 새롭게 완성해 가면 된다. 학생들이 극본 쓰기를 꺼리거나 어려워하면, 아래의 예시처럼 완성된 극본 중에 지문만 바꿔 보게 하는 등의 난이도를 조절하여 참여를 적극적으로 권장한다.

극본은 무대에서 공연을 펼치기 위해 쓰인 글이므로, 음향 효과를 삽입하거나 지문을 통해 인물의 행동을 더 다채롭게 표현하고, 또는 새로운 인물을 추가하여 등장시켜도 좋다.

❖ 활동 예

| | |
|---|---|
| 장소 | **교실, 급식실** |
| 시간 | **점심시간** |
| 등장인물 | **수현, 유미, (          )** |

점심시간에 유미는 수현이 가까이에 있는 애들을 불러 식당으로 몰려간다.
수현은 혼자서 점심을 먹고 교실로 돌아온다.

수현       (시끌벅적 애들 소리가 들리자 재빨리 책을 읽는 척한다.)

____       (                              )          _____

유미       (교실 안으로 들어서며 날카로운 목소리로) 너 거기서 뭐 해?

____       (                              )          _____

수현       (아무런 대꾸도 못 한 채 고개를 숙이고 앉아 있다.)

____       (_____ 을/를 향해)          _____

유미       (                              ) 산타 선물이야. 난 산타잖아. (씩 웃어 보인다.)

____       (                              )          _____

# 4장  비판적 · 창의적 사고 역량 기르기

비판적 사고 역량은 주어진 정보를 무조건적으로 받아들이지 않고 이성적으로 생각하고 판단하는 능력이다. 이 능력은 원인을 이성적으로 파악하고 있는지 확인하게 하는 게 핵심이다. 비판적 사고를 위해서는 무엇보다 이성적 판단이 먼저 이루어져야 하기 때문이다. 극본 속 문제 상황의 원인을 찾고, 그 원인이 결과에 어떤 영향을 주었는지 파악하게 할뿐더러, 더 나아가 창의적 사고 역량을 함양하는 데 도움이 되는 내용으로 학습 활동을 구성한다.

창의적 사고 역량은 다양한 영역에서 새롭고 독창적인 아이디어를 발휘하고 융합·활용할 수 있는 능력을 뜻한다. 이와 같은 창의적 사고 역량을 높이기 위해서는 다양한 영역의 폭넓은 기초 지식을 쌓도록 노력해야 한다. 비판적·창의적 사고 역량은 문제의 해결 방법을 창의적으로 구성하게 유도하고, 상상력을 발휘하게 하여 효과적인 방법을 고민하고 해결하도록 배려한다.

◆ **수업 목표**

1. 상황을 보고 타당성과 표현의 적절성을 판단할 수 있다.[18]
2. 의견을 제시하고 함께 조정하며 토의할 수 있다.[19]
3. 인물의 상황을 파악하여 새로운 상황을 창의적으로 상상하여 제시할 수 있다.

◆ **교사의 역할**

1. 이성적 판단을 할 수 있도록 생각과 느낌을 다양하게 유도한다.
2. 비판적 상황에 대해 정확하게 지적할 수 있도록 한다.
3. 창의성을 함양하는 데 도움을 줄 수 있도록 상상력 확대에 고심한다.

---

**18**  초등 국어과 〈읽기〉 교육 성취 기준 (6국 02 - 04) 관련 활동

**19**  초등 국어과 〈듣기·말하기〉 교육 성취 기준 (6국 01 - 02) 관련 활동

| 학습 내용 | 실제 활동 |
|---|---|
| 1) 주어진 극본 속 문제 상황과 비슷한 상황에 처한 경험이 있는지 공유한다. | • 학생들에게 자유롭게 자신의 경험을 발표하게 한다.<br>• 발표한 내용에서 문제의 원인을 찾아보게 하고, 원인이 결과에 어떤 영향을 주었는지 파악하게 한다.<br>• 학생들의 발표가 없을 시 선생님이 경험을 들려준다. |
| 2) 극본 속 문제 상황과 비슷한 상황에 처한다면 어떤 행동을 취할지 토의한다. | • 문제 상황의 원인이 된 행동을 찾게 한다.<br>• 원인을 바꿀 경우 결과가 어떻게 변하는지 파악하게 한다.<br>• 원인에 따른 행동이 결과에 변화를 준다는 걸 발견하게 한다.<br>• 교내폭력의 영역에 대해 논의한다.<br>  \* 특히 언어폭력의 심각성은 제대로 인지하지 못하고 있는 경우가 많으므로 이 부분을 중점적으로 설명한다.<br>• 개인의 의견을 존중하는 허용적 분위기를 인정한다. |
| 3) 친구가 힘든 상황에 처한다면 어떤 행동을 취할지 토의한다. | • 힘든 상황을 해결할 수 있는 방법에 대해 조별로 토의하여 해결 방안을 모색하게 한다. |

◆ 수업 자료

## 1. 〈빛나는 왕따〉 중 2막 일부

예진과 민지, 교실로 들어선다. 승현의 자리에 애들이 몰려서 웅성거린다.

| | |
|---|---|
| 예진 | (애들 틈을 파고들며) 무슨 일이니? |
| 재호 | (반갑게 맞이하며) 예진아, 승현이 바지 좀 봐!<br>(승현의 바지를 손가락으로 가리킨다.) |
| 예진 | (퉁명한 말투로) 승현이 바지가 어때서? |
| 재호 | (당당한 목소리로) 무릎 부분을 꿰맸잖아. |
| 예진 | (승현의 꿰맨 바지를 바라본다. 불안한 눈빛으로 민지 쪽을 향해 눈길을 돌린다.) |
| 민지 | (가까이 다가오며) 재호야, 정말이니?<br>(표정이 묘하게 변해 간다.) |
| 재호 | 너도 직접 와서 봐 봐. (민지에게 자리를 내어 준다.) |
| 민지 | (고개를 갸웃거리며) 설마? |
| 재호 | 어때, 내 말이 맞지? |
| 민지 | (얼굴을 붉히며) 어쩜! 나 같으면 부끄러워서 저런 바지 입고 학교에 못 올 텐데……. |
| 재호 | (목소리 톤을 한층 올려) 민지야, 너만 좋은 옷 입고 다니지 말고 웬만하면 불우이웃을 돕는 게 어때? 같은 반에 불우이웃이 있잖아. |
| 반 친구들 | (목소리를 모아) 맞아, 맞아!<br>(손뼉을 쳐 가며 맞장구를 친다.) |
| 재호 | 얘들아, 우리 불우이웃 좀 돕자? 민지 너는 어때? (주변 아이들을 둘러본다.) |
| 민지 | (새침한 표정으로) 알았어. 우리 엄마한테 한번 말해 볼게. |
| 승현 | (고개를 숙인 채 얼굴이 붉어진다.) |
| 예진 | (주변 아이들을 둘러보며, 방백) 승현이는 2학년 때는 씩씩하고 용감했는데. 양보도 잘하고 어려운 애들을 도와주는 멋진 친구였어. 여자애들한테 인기도 많고. 3학년에 올라오고부터는 늘 혼자 지내네. 쉬는 시간이면 조용히 책을 읽고, 집에 돌아갈 때까지 말 한마디 하지 않은 날도 많아. 그래서인지 차츰 친구들도 줄고. (표정이 점점 굳어 간다.) |

## 2. 〈거짓말쟁이〉 중 4막 일부

기호는 현관문을 벌컥 열고 신발장 위에 놓인 핸드폰을 든다. 핸드폰을 확인하던 기호 몸이 부들부들 떨린다.

기호        (핸드폰 화면을 보면서 화난 말투로) 미안? (어처구니없다는 표정으로) 입만 열면 거짓말만 하는 거짓말쟁이 주제에. 흥! (가방을 아무렇게나 집어 던진다.)

기호, 핸드폰을 든 채 순식간에 몸이 얼어붙는다.

기호        (실망한 표정으로 길게 한숨을 내쉰다.) 휴…….

기호, 고민에 빠진다. 망설임 끝에 혼잣말을 하면서 문자를 쓴다.

기호        (독백) 이왕 거짓말쟁이가 된 거, 골탕 먹이면 어때? 거짓말쟁이한테는 거짓말이 딱이잖아. (문자를 쓰고 지우기를 반복한다.)

기호는 써 놓은 문자를 한동안 바라본다.
이를 앙다물고서 전송 버튼을 누른다. 곧바로 문자 알림 소리가 울린다.

기호        (목소리가 한껏 올라간다.) 미안? (잠시 말을 멈춘다.) 안 속아. 은수 너, 또 거짓말한 줄 다 알아. 그런데 이상하네. (고개를 갸웃거린다.) 거짓인 걸 뻔히 아는데도 내 마음이 자꾸만 약해지는 건 왜지? (표정이 심각해진다.)

기호, 두 눈을 감고 생각에 잠긴다. 무언가를 다짐한 표정으로 변한다.

기호        (독백) 도연이는 당당했잖아. 아무래도 도연이한테 사과 문자를 보내야겠어. (고개를 저으며) 혹시 화가 안 풀려서 답장을 안 보내면 어떡하지? 그래도 내가 잘못했고 부끄러운 행동을 했으니까. 사과 문자를 보내는 게 좋겠어.

선생님     (목소리만) 화해의 과정은 아주 소중하단다. 화해가 너희를 성장시키거든. 친구에게 상처를 주었으면 꼭 사과해야 해.

기호, 굳은 표정으로 도연에게 문자를 써서 보낸다. 곧이어 문자 알림 소리가 울린다.
기호는 핸드폰을 들고 한참을 바라본다.

# ◆ 비판적·창의적 사고 역량을 기르는 연극 활동

## 1. 타블로

타블로 활동은 정지 동작, 스틸 이미지, 조각상 만들기라고도 불리는 교육연극 기법이다. 쉽게 말해, 주어진 내용의 연기를 맡은 학생들이 신체를 이용해 입체적으로 표현하는 것이다. 한 명 또는 여러 명이 참여할 수 있는데, 연기자는 특정 상황이나 주제를 보고 신체를 이용해 해당 상황이나 주제를 표현하고, 나머지 학생들이 어떤 상황인지 알아맞힌다. 극본에서 문제 상황이 극적으로 드러난 장면을 소재로, 문제 인물의 행동이나 인물 간 갈등 상황을 표현하게 하면 된다. (극본에 없는 새로운 갈등이나 문제가 해결된 모습을 표현할 수도 있다.)

❖ 활동 예

| 활동 | 유의점 및 진행 참고 사항 |
|---|---|
| 1) 어려움에 처한 친구를 도와주는 장면을 3~4명이 조각상처럼 정지 동작으로 표현한다. (연기자) | • 극본을 선택하여 조별로 각기 다른 장면을 자유롭게 표현하게 한다.<br>＊ 오랜 시간 버티기 힘든 장면을 표현할 때는 소란스러워질 수 있으니 주의한다. |
| 2) 어떤 장면인지 알아맞힌다. (관객) | • 관객이 된 나머지 학생들은 주어진 극본 중 어떤 장면인지 맞히게 한다.<br>＊ 학생들이 어떤 상황인지 이미 알고 있으므로 장면 표현이 잘되었는지에 대해 평가하도록 한다. 또는 다른 조의 표현과 비교하도록 한다. |
| 3) 창의적 사고 역량 활동을 위해 일부 내용을 바꿔서 표현하게 할 수도 있다. | • 연기자는 행동하지 않고 목소리로 감정을 표현하게 하고 관객들이 연기자의 몸을 이용해 표현하게 한다.<br>＊ 선생님이 장면을 제시하면 조원들이 의논하여 새로운 장면을 설정하여 타블로 활동을 펼친다. |

## 2. 핫 시팅

핫 시팅은 흔히 '뜨거운 의자'라고 불린다. 이야기 속 또는 역사 속 인물 역할을 맡은 연기자가 중앙 의자에 앉고, 나머지 관객들은 연기자를 둘러싸고 질문을 던지거나 인터뷰를 하는 활동으로 인터뷰 활동과 비슷하다. 하지만 핫 시팅은 주로 문제 인물이 질문에 대해 구체적인 이유를 설명하면서 그렇게 행동할 수밖에 없었던 원인이나 이유를 자세하게 발표해야 한다는 점이 특징이다. 극본 속 인물의 생각이나 행동에 대한 의도·목적·이유 등을 면밀히 파악해야 할 때 활용하면 효과적이다.

핫 시팅은 주로 갈등 상황이나 문제에 처한 여러 인물들을 각각의 입장에서 살펴봐야 할 때 활용되는데, 단편적으로 판단하는 사고에서 벗어나 인물의 상황을 폭넓게 생각하고 판단하는 동기를 부여하기 때문이다.

❖ 활동 예

| 활동 | 유의점 및 진행 참고 사항 |
|---|---|
| 1) 커다란 원형으로 관객들을 앉히고, 그 안에 연기자가 앉는다. | • 극본 속 갈등의 원인이 되는 문제 행동을 한 역할의 연기자를 초대하여 관객들이 만든 원 속 한가운데 의자에 앉는다. ＊ 교실 상황에 따라 반원 형태 등으로 대형을 바꿀 수 있다. |

| | |
|---|---|
| 2) 관객들이 던진 질문에 연기자가 대답을 한다. | • 관객들은 연기자에게 던질 3~4가지 질문을 준비해 오게 하고, 연기자의 대답을 경청하게 한다.<br><br>\* 여러 사람을 차례대로 원 안으로 들어가게 하고, 그때의 감정을 발표하게 한다. |
| 3) 연기자의 대답을 끊고 관객들이 야유를 보내 본다. | • 다수 힘의 역할을 체험해 볼 수 있는 활동으로, 다수의 힘이 어떤 역기능을 발휘하는지 파악할 수 있다.<br><br>\* 관객들은 "우-우-" 하고 한꺼번에 큰 소리로 야유를 보내면서, 상황에 따라 발을 구르거나 손가락질을 할 수도 있다. 원 중심을 향해 다가가며 원 안에 있는 사람을 압박할 수도 있다.<br><br>\* 다수의 힘을 어떻게 사용해야 현명하고 올바른지 생각해 볼 기회가 된다. |

## ◆ 비판적 · 창의적 사고 역량을 기르는 조별 활동

### 1. 새롭게 재구성하기

비판적·창의적 사고 역량을 기르기 위한 극본 자료는 문제 사건과 그 해결 과정을 다루는 내용이 적합하다. 조별 활동을 통해 극본에 제시된 문제 상황을 나름대로 이해한 뒤, 극본과 다른 새로운 내용으로 바꿀 수 있는지 그 가능성을 논의해 보도록 한다. 여러 방향으로 갈라진 새로운 내용과 그렇게 생각한 이유를 일련의 표로 정리해 발표하면, 그것을 토대로 또다른 논의의 장으로 발전시킬 수 있다.

| 상황 | 새로운 내용 |
|---|---|
| 승현이의 꿰맨 바지를 놀리는 재호를 봤을 때 | 1) 예진: 재호야, 친구를 놀리면 나빠!<br><br>2) 민지: 우아! 승현이 용기가 대단해. 난 창피해서 못 입을 것 같은데.<br><br>3) 친구 1: 야, 찢어진 바지가 더 낫겠어. 왜 꿰매 입었어. |
| 친구를 감싸주다가 외톨이가 된 도연이를 위한 바람직한 행동 | 1) 승기: 도연아, 너한테 그런 용기가 있었어? 부러워!<br><br>2) 친구 1: 역시 도연이는 모범생이야. 나는 용기가 없어서 말도 못 했는데.<br><br>3) 외면하지 않고 다가가서 말을 건다. |
| 반 친구들의 놀림을 받고 승현이 얼굴이 붉어질 때 | 1) "승현아 부끄러워 하지마. 넌 검소한 거야" 하고 말해 준다.<br><br>2) 놀리는 친구들을 향해 큰 소리로 "놀리지 마!"라고 저지한다.<br><br>3) 승현이 곁에 가서 놀리는 친구들을 노려본다. |

## 2. 창의 표현 활동

창의적 사고 역량을 함양할 수 있는 학습 방법으로 극본에 제시된 상황을 선택하여 글이나 그림, 또는 다양한 장르의 예술 활동으로 전환하여 표현하는 활동을 추천한다.

**보충 tip**

### 1. 비창조적 VS 창조적 인물의 특성 비교[20]

| 비창조적 | 창조적 |
|---|---|
| IQ, 진리로 측정 | 관점적 '진리'로서 지성을 우선 |
| 독립적<br>제어하기 힘듦 | 개인성<br>개인적 차이 존중 |
| 과민한 철회 | 건강한 고독 |
| 결단력 없음 / 우유부단함 | 모호함 / 역설적 / 선택의 지연 |
| 그룹, 사회적 집합에 기대기 | 적용 가능할 때만<br>그룹, 커뮤니티를 받아들이기 |
| 강제된 집중 | 내재적 집중 |
| 정보의 회상 | 발견하기, 알아내기 |
| 반복(교육 목적으로서 정보) | 발견(교육 목적으로서 지식) |
| 엄격한 규칙 / 검열 | 융통성 있는 규칙 / 평가 |
| 비판적인 깎아내리기 | 감상적인 향유하기 |
| 감상적인 / 정형화된 반응 | 솔직한 / 독특한 반응 |
| 평범한 / 현실적 | 유머러스 / 상상적 |

---

**20**　리처드 코트니, 김주연·오판진 옮김(2014), 『교육연극 입문』, 연극과인간, pp.314-315.

## 2. 이미지 만들기, 이야기 만들기, 움직임, 연극 계발을 위한 아이디어[21]

1) 학생들이 자기의 임무가 무엇이고, 어디서 시작하고 끝맺는 지점은 어디인지,
   그리고 얼마 만큼의 시간이 필요한지 알 수 있도록 활동을 구조화하라.

2) '정답'이 없도록 활동을 고안하라.

3) 다양성을 조장하라.
   만약 대답이 독특하거나 이상할 때 그것을 평가하고픈 욕구를 억제하라.
   그 대신에 그러한 해결 방안이나 반응을 만들었던 개인이나 그룹에게 어떻게
   그런 생각을 하게 되었는지 물어보아라.

4) 평가적으로 되지 않고 작업에 반응하는 방법을 가르쳐라.
   학생들에게 용기를 주어서 작업이 자신들과 어떤 관계를 가지는지, 그리고 무엇이
   그들로 하여금 생각하고, 느끼게 하고, 기억하고, 궁금하게 만드는지 탐구하게 하라.
   학생들로 하여금 작업을 촉진시키고 새로운 탐구를 가능하게 하는 질문들을 만들도록
   도와주어라.

5) 학생들이 당황하고 있으면, 도움이 필요할 때 편안히 이야기할 수 있는 환경을 만들어 주어라.
   학급 아이들로 하여금 자신들이 다른 사람들에게 도움이 되는 존재라는 점을 생각하도록
   격려하라. 학습의 일부가 다른 사람들로 하여금 논쟁점이나 질문들, 도전들을 생각할 수
   있게 한다는 것을 아이들에게 보여 주어라.

6) 학생들이 다른 사람의 작업을 비웃거나, 헐뜯거나, 혹은 거들떠보지도 않게 하면 절대 안 된다.
   창피를 당하거나 위협받거나 평가가 절하되는 걸 고민하게 되면 창조적인 작업은
   불가능해진다.

---

21  낸시 킹, 황정현 옮김(2006), 『창조적인 언어사용능력을 위한 교육연극방법』, 평민사, pp.100-101.

# 5장 문화 향유 역량 기르기

　미래 사회에서 가장 큰 힘을 발휘하는 가치 요소는 '문화'일 거라고 많은 학자가 주장하고 있다. 아울러 행복한 삶을 영위하기 위해서는 주체적으로 문화를 다양하게 향유하는 능력이 필요하다고도 한다. 실제로 많은 사람이 문화 향유를 수동적인 활동으로 여기기보다 직접 경험하고 체험하는 형태의 활동을 더 선호하고 있다.

　문화 향유 역량은 다양한 문화를 편견 없이 접하고 이해할 수 있도록 유도하며 더 나아가 문화의 소비나 이용을 넘어서 적극적인 참여와 체험으로 이끄는 힘이다. 공동체 내에서 문화는 결속력을 높여 주는 기능을 한다. 나아가 주체에 대한 자긍심과 존재감을 갖게 하는 기저 작용을 하기도 한다. 교육연극 체험은 문화 및 예술 관련 활동과 친숙해지고, 각 개개인의 생활 속으로 문화 예술 활동을 적극적으로 끌어들이는 계기로 삼을 수 있다.

◆ **수업 목표**
　　1. 문화의 다양성을 생각하고 받아들일 수 있다.
　　2. 다양한 문화에 대한 이해의 폭이 확장된다.
　　3. 문화의 역할에 대해 발표할 수 있다.

◆ **교사의 역할**
　　1. 학생들에게 소개하고 싶은 문화 영역을 선정한다.
　　2. 죽음과 탄생에 관련된 우리 문화 자료를 준비한다.
　　3. 죽음 또한 생의 일부분임을 인지할 수 있도록 고려한다.

| 학습 내용 | 실제 활동 |
|---|---|
| 1) 생명의 탄생을 지켜본 경험을 공유한다. | • 미리 조별로 의논하게 한 뒤, 자신의 경험을 발표하거나 상상하여 발표하게 한다.<br>• 동물의 탄생이나 씨앗에서 새싹이 발아하는 과정을 목격한 경험 등 다양하게 생각을 발표하게 한다.<br>＊ 주말농장 체험 등의 발표도 허용한다. |
| 2) 죽음에 대한 경험이나 생각을 공유한다. | • 친지의 죽음을 경험한 학생에게 장례식 풍경 등에 대해서 발표를 할 수 있도록 한다.<br>＊ 장례 문화와 관련한 영상을 시청하는 것도 권장한다. 각 시대나 문화별 무덤의 양식 또는 부장품 등을 소개한다.<br>• 반려동물의 죽음에 대한 발표도 권장한다.<br>＊ 친숙한 존재와의 단절이나 차단을 느끼게 하는 감정에 대해 생각하게 한다.<br>＊ 'COVID-19' 상황과 관련지어 죽음에 관한 생각을 발표하게 할 수 있다. |
| 3) 각자가 생각하는 문화에 대해 다양한 의견을 발표한다. | • 의·식·주 관련하여 다양한 문화를 찾아서 발표하게 한다.<br>• 문화를 형성하는 요소는 무엇인지 생각하게 한다.<br>• 현재 학생들 사이에 흥행하는 문화에 대해 발표해 보게 한다.<br>• 미래 사회는 문화가 힘이 된다고 주장하는 이유에 대해 생각하게 한다.<br>＊ 한류 문화, 또래 문화, 노인 문화, 소비 문화 등등 다양한 문화에 대해 의견을 나눈다. |

## ◆ 수업 자료

### 1. 〈아기 제비 번지점프 하다〉 중 장면 6

학교에서 돌아오니 강아지 똘똘이가 꼬리를 흔들며 수정을 반긴다. 수정은 귀여운 똘똘이에게 주머니에서 사탕을 꺼내 준다. 똘똘이는 사탕을 날름 삼켜 버리고 수정 곁에 딱 달라붙는다. 수정은 귀여운 똘똘이를 안고 마루로 간다.

| | |
|---|---|
| 수정 | (주변을 살피며) 똘똘아, 이게 무슨 소리지? |
| 똘똘이 | (수정이 품에서 왈왈왈 짖는다.) |
| 외할머니 | (반가운 얼굴로 뒤란에서 걸어오며) 우리 강아지, 학교 갔다 왔니? |
| 수정 | 할머니, 저 위에서 무슨 소리가 들려요. (한 손으로 처마 밑을 가리킨다.) |
| 외할머니 | (수정이 곁으로 바짝 다가와 귀를 세우더니) 어이구, 제비 새끼 소리다! (감격한다.) |
| 수정 | (눈이 동그래져) 제비 새끼요? (호기심에 목소리도 높이 올라간다.) |
| 외할머니 | (제비집을 올려다보며 흐뭇한 표정을 짓는다.) |

제비집 안에서 바이올린 연주처럼 가녀린 소리가 계속 새어 나온다.

| | |
|---|---|
| 수정 | (제비집을 올려다보며, 방백) 아기제비는 어떻게 생겼을까? 학교 근처에서 파는 병아리들처럼 귀엽겠지? (감동한 표정을 짓는다.) |
| 외할머니 | 수정아, 방에 가서 헌 신문지 좀 가져오너라. 네 어미가 보기 전에 제비집 밑에 신문지라도 깔아 놓자. (제비집을 다시 올려다보며 잠시 말을 멈춘다.) 새끼가 알을 깨고 나왔으니 이제부터는 어미제비가 바빠질 거다. (계속 제비집을 올려다본다.) |
| 수정 | 할머니, 아기제비 보고 싶어요. |
| 외할머니 | 나중에 제비집 밖으로 고개를 내밀면 실컷 보려무나. |
| 수정 | 아이, 지금 보고 싶어요. (외할머니 얼굴을 바라본다.) 어떻게 생겼는지 궁금하단 말이에요. |
| 외할머니 | (딱딱한 목소리로) 지금은 안 된다! 혹시라도 제비집 안을 들여다볼 생각은 하지도 마라. 알았지? (확인하듯 수정의 얼굴을 들여다 본다.) |
| 수정 | (서운한 표정으로 고개를 끄덕인다.) |

## 2. 〈할머니의 옷〉 중 3막 일부

재훈, 할머니 손을 잡아끌고서 할머니 방으로 들어간다.

재훈          할머니, 빨리 누워요! (방바닥을 손으로 가볍게 두드린다.)

재훈 할머니   (힘겹게 앉으며) 됐다, 됐다는 데도 그러네. (잠시 말을 멈춘다.) 굳이 주물러 주
             겠다면 이렇게 앉아 있으마.

재훈          (할머니 어깨를 주무르며) 할머니, 시원해? (할머니 표정을 살핀다.) 좋아? (고
             개를 돌려 수의가 걸려 있는 벽 쪽을 바라본다. 다시 어깨를 주무르며) 어때? 시
             원해?

재훈 할머니   아암! 시원하고 말고. (얼굴에 미소가 가득하다.) 오늘은 편히 잘 수 있겠다. 이
             렇게 마음도 편안하니 지금 죽으면 딱이겠구나!

재훈          (버럭 화를 내며 소리친다.) 할머니, 죽는다는 말은 하지 마!

재훈 할머니   왜? 늙은이가 죽는 게 뭐가 어때서?

재훈          아무튼 할머니는 절대로 죽으면 안 돼! 나 대학교 졸업할 때까지 꼭 살아 있어
             야 해, 알았지? (할머니 얼굴을 똑바로 바라본다.)

재훈 할머니   (아득한 목소리로) 네가 대학 졸업할 때까지? (고개를 갸웃거린다.)

재훈          그래. 내가 대학교 졸업하면 돈 벌어서 할머니한테 맛있는 것 많이 사 줄게. 그
             러니까 그보다 더 오래 살아야 돼. 알았지? 약속하는 거다. (할머니 얼굴을 바
             라본다.)

재훈 할머니   (대충 고개를 끄덕이며) 오냐, 알았다. 그런데 내가 그렇게 오래 살면 너희한테
             짐이 돼서 안 돼. (가볍게 한숨을 쉬고 나서) 그리고 먼저 간 너희 할아버지가
             저승에서 나 오기만을 손꼽아 기다리고 있을 거야. 그리고 이생에서 너나 네
             아빠 엄마랑 좋은 인연으로 만났으니 다음 세계에서도 좋은 인연으로 만나게
             될 게야. 그러니 어떻게든 너희들한테 짐이 되지 않게 얼른 죽어야지……. (말
             꼬리를 흐린다.)

재훈          (버럭 소리친다.) 싫어! 죽는다는 소리 다시는 하지 마. 난 계속계속 할머니하
             고 같이 살 거야. (할머니 품에 안긴다.)

할머니, 재훈이를 다독여 주다가 자리에 먼저 눕는다.
재훈이 재빠르게 할머니 곁에 누우며 이불을 머리끝까지 덮는다.

# ◈ 문화 향유 역량을 기르는 연극 활동

## 1. 가면극

    가면극 활동은 주로 전통극을 통해 접하는 경우가 많으나, 창작 극본을 소재로 삼는다면 가면 제작부터 공연까지 다양한 활동을 수업에 적용할 수 있다. 직접 가면을 만드는 과정에서 캐릭터 이해도도 높아질뿐더러, 가면을 쓰고 연기를 한다는 조건이 수업 참여에 소극적이었던 학생들에게도 참여를 유도하기 용이하다는 장점이 있다. 등장인물을 사람에 국한하지 않고, 강아지나 고양이, 때로는 식물까지 다양한 캐릭터를 가면으로 제작할 수도 있으나, 가능한 한 캐릭터의 특징을 표정으로 잘 표현해야 한다는 점을 사전에 주의시킨다.

### ❖ 활동 예

| 활동 | 유의점 및 진행 참고 사항 |
|---|---|
| 1) 극본 속 등장인물을 파악하고 각자 마음에 드는 캐릭터를 선택해 가면을 만든다. | • 극본의 내용을 잘 읽고, 다양한 가면을 만들도록 권유한다.<br>• 동물 가면을 만들어 쓰고 동물들의 상황을 체험해 본다.<br>  * 탄생이나 죽음처럼 추상적인 이미지를 표현해도 된다. |
| 2) 가면을 쓰고 극본 속 장면을 연기한다. | • 가면을 쓰면 훨씬 적극적으로 활동을 하는 예가 많으므로, 참여를 독려한다.<br>  * 입 부분이 막혀 있으면 대사를 정확하게 전달하기 어려우므로 꼭 입 부분에 구멍을 뚫어야 한다. |
| 3) 가면극과 일반 연극의 차이점을 찾아 발표한다. | • 가면을 썼을 때 심리와 감정이 어떻게 변하는지 자유롭게 의견을 나눈다.<br>• 어떤 가면이 쓰기 편하고, 특징을 잘 표현했는지 발표를 통해 논의해 본다. |

## 2. 즉흥극

보통의 예술 창작 및 공연에는 준비 기간이 필요하지만, 즉흥극은 별다른 준비 없이 그때 그때의 목적에 따라 즉흥적으로 연출되는 연극이다. 많은 준비 시간과 연습이 필요하지 않은 연극 활동이므로 교육 목표에 용이하게 도달할 수 있는 장면과 상황 등을 설정하여 수업에 어렵지 않게 적용이 가능하다.

수업 자료로 제시된 극본을 활용하면 '탄생'과 '죽음' 등을 주제로 선정할 수 있다. 죽음을 표현할 때 움직이지 않고 그대로 누워 있는 방법 외에도 학생들이 창의적으로 표현하는 것을 허용해 준다. 학생들은 자신의 생각을 표현해 봄으로써 보람을 느끼고 적극적으로 다음 활동에도 임하게 된다. 이처럼 허용적인 분위기 속에서 삶과 죽음을 각각 표현하고 그 차이를 발견해 논의하는 장으로 발전시킬 수 있다.

❖ 활동 예

| 활동 | 유의점 및 진행 참고 사항 |
|---|---|
| 1) 탄생에 대해 생각해 본 뒤, 즉흥적으로 떠오른 생각을 몸짓이나 대사를 통해 표현한다. | • 조별 활동을 통해 아기 제비가 알에서 깨어난 상황을 마임이나 타블로로 표현해 보게 한다.<br>• 식물이 씨앗에서 발아하는 과정을 즉흥극으로 표현해 보게 한다.<br>＊학생들이 자유롭게 다양한 모습으로 표현할 수 있도록 유도하고, 타블로 활동의 경우 어떤 상황인지 알아맞히게 한다. |
| 2) 죽음에 대해 생각해 본 뒤, 즉흥적으로 떠오른 생각을 몸짓이나 대사를 통해 표현한다. | • 죽은 것처럼 간지럼을 태우거나 말을 걸어도 반응하지 않는 연기를 경험해 본다.<br>• 누군가 죽음을 맞이하는 장면을 선택해, 그 상황을 마임이나 즉흥극으로 표현해 보게 해도 좋다.<br>• 식물이 죽어 가는 과정을 마임으로 표현해 본다.<br>• 바다 오염으로 바다 생물이 고통받는 상황을 표현해 본다. |

## ◆ 문화 향유 역량을 기르는 조별 활동

　문화 향유 역량을 기르는 조별 활동은 무엇보다 다양한 문화에 대한 이해력을 기르는 것이 중요하다. 그러기 위해서는 나와 다른 생각을 가진 사람들과 충분히 많은 이야기를 나누며 경청하고, 수용할 수 있는 열린 마음이 필요하다. 교사는 조별 논의와 발표를 통해 학생들이 편견에 치우치지 않게 하고 생각이 협소했던 점이 있는지 살펴볼 수 있도록 돕는다. 나아가 누구의 생각도 정답이 아니란 사실을 주지시킨다.

1. 언젠가 반려 가족으로 맞고 싶은 동·식물, 또는 존재가 있는지 떠올려 보고,
   빈칸에 알맞은 상황이나 이유를 채워 발표해 보세요.

| 시간 ＼ 반려 동·식물 | 강아지 | 물고기 | 선인장 | 고양이 |
|---|---|---|---|---|
| 10년 후 | 혼자서 보살필 수 있게 된다. (산책이나 용변 처리 등) | 생태 환경에 대한 이해가 깊어진다. (수족관 관리 등) | 컴퓨터 등 전자기기의 전자파 차단에 도움을 준다. | 정서적 교감을 이루어 간다. |
| 20년 후 | 직장 생활로 인한 스트레스를 해결할 수 있다. | 바쁜 직장 생활에 잘 맞을 것 같다. | 생물의 성장 과정을 지켜보며 스트레스를 해소한다. | 저녁 시간을 활기차게 보낼 수 있다. |
| 30년 후 | 가족과 함께 보살필 수 있다. | 수조가 인테리어 기능도 병행한다. | 공기 정화 능력이 뛰어나 건강해질 것 같다. | 가족의 정서 함양에 도움을 준다. |

2. 아끼던 반려 동물이나 식물이 죽었을 때, 어떤 기분이 들까요? 또 나는 어떻게 행동할까요? 그 상황과 기분을 상상해 보고, 빈칸을 자유로이 채워 보세요.

| 반려 동·식물<br>시간 | 강아지 | 물고기 | 선인장 | 고양이 |
|---|---|---|---|---|
| 10년 후 | 슬퍼서 계속 울 것 같다. | 현명하게 처리하는 방법을 모색한다. | 안타까워한다. | 슬퍼한다. |
| 20년 후 | 죽음을 슬퍼하고 기념물을 만든다. | 소중한 추억을 기억하기 위해 그림을 그려 액자에 넣는다. | 무덤덤한 기분으로 다른 식물을 구입해 기른다. | 소중한 기념 사진첩을 만들어 보관한다. |
| 30년 후 | 죽음을 담담하게 받아들이고 내 삶을 되돌아 본다. | 또다른 물고기를 구입하여 기른다. | 선인장이 잘 자라는 환경에 대해 공부한다. | 죽음에 대한 감정을 받아들일 수 있다. |

3. 앞으로 개발되거나 변했으면 하는 문화 활동이 있나요?
   있다면 아래 표에 적고 그 이유를 친구들 앞에서 발표해 봅시다.

| 10년 후 | 20년 후 | 30년 후 |
|---|---|---|
| 1) 게임 문화<br>2) 자유로운 학교생활 | 1) 새로운 이성 친구를 사귀는 과정에 대한 활동<br>2) 다양한 직업을 체험할 수 있는 기회 확장 활동 | 1) 행복한 가정을 꾸리기 위한 체험 활동<br>2) 부모의 역할을 체험하는 문화 활동 |

# 6장  자기성찰 · 계발 역량 기르기

자기성찰·계발 역량은 쉽게 말해 앞서 살펴본 다른 국어과 교과 역량들을 생활에서 실천할 때에 이들을 점검하고 조절하는 힘이다. 이를 키우려면 자신에 대해 깊이 생각하고 발견하는 과정이 반드시 필요하다. 자신에 대한 정확한 이해는 건강한 자존감·자아효능감을 기르는 데 기초가 됨은 물론, 한 단계 더 성장하고 발전하기 위한 바탕이 된다.

교육연극의 극본 속 등장인물들을 탐색하여 계발 가능한 역량을 찾아보고 등장인물에 대한 탐색이 이루어지면, 자신과 비슷한 점이나 다른 점을 비교 분석하게 한다. 이와 같은 활동을 통해 인간 생활에 대한 성찰의 시간을 갖게 될 것이다. 스스로 자신을 탐색하고 성찰하는 과정을 통해 자존감이 높아질 것이고 자신의 장단점을 발견하면서 긍정적인 측면에서 성장이 가능해진다.

◆ **수업 목표**

1. 자신을 되돌아보고 능력과 개성을 발표할 수 있다.
2. 나의 장점과 단점을 구분할 수 있다.
3. 나의 단점을 개선하고 장점을 계발하는 방법을 구상한다.

◆ **교사의 역할**

1. 다양한 교수 – 방법론적인 도구와 함께 교사 시연을 고려한다.
2. 연극 공연, 교실 토론 및 토의, 소집단 활동 등 다양한 활동을 학생들이
   선택하게 한다.
3. 가능한 토론을 권장하고 교사의 활동은 매개자 역할로 기능한다.

| 활동 | 참조 및 활용 |
|---|---|
| 1) 자신 또는 등장인물이 어떤 사람인지 정의한다. | • 신체적 특징, 가족 및 친구 관계, 좋아하는 것과 싫어하는 것, 현재의 불만 등등 자유롭게 자신에 대해 생각해 보게 하고 발표하게 한다.<br>＊ 자신에 대해 발표를 꺼려하면 자료 극본 속 등장인물을 분석하게 한다.<br>• 자신의 특징 10가지를 자유롭게 써 보게 한다. 그 외에도 다양하게 자신을 살피는 시간을 갖게 하고 발표하게 한다.<br>＊ 하루 전 미리 생각할 수 있도록 고지하는 방법을 택하는 것도 추천한다. 수업 시간에는 3~5분 정도 생각할 시간을 준다. |
| 2) 자신의 장점과 단점을 나열한다. | • 장점은 5개 이상, 단점은 2~3개 정도 생각할 시간을 준다.<br>• 장점부터 발표하게 한다.<br>• 장점이 없는 경우 장점이 되었으면 하는 점을 발표하도록 허용적인 분위기에서 발표한다.<br>＊ 장점 발표를 하고 나면 긍정적인 박수를 보낼 수 있도록 분위기를 조성한다.<br>• 친구의 장점 찾아서 발표하기, 칭찬하기 활동으로 이어져도 좋다.<br>• 친구의 단점은 1개씩만 발표하게 한다. |
| 3) 자신의 장래 희망을 공유한다. | • 자신의 장래 희망과 그를 위해 갖춰야 할 요건을 생각하여 발표하게 한다.<br>• 롤 모델을 찾아 장점을 조사하여 발표하게 한다.<br>• 자신이 장래 희망을 갖게 된 구체적인 이유를 발표하게 한다. |

### 〈뽐내지 마〉 중 일부

| | |
|---|---|
| 나 | 아니에요. 어린이가 어른보다 훨씬 더 억울해요. 전 엄마 때문에 억울한 일이 엄청 많거든요. 진짜 말로는 다 할 수 없을 정도예요. (억울해서 목소리도 점점 커진다.) |
| 증조할아버지 | (슬픈 목소리로) 그런다고 설마 나만큼이나 억울할까? |
| 나 | 못 믿겠어요? 내 말 들어 볼래요? 엄마는 맨날 나한테 공부, 공부해요. 게임도 못 하게 하고, 텔레비전도 못 보게 하고. (잠시 말을 멈춘다.) 심지어는 내가 제일 좋아하는 축구도 못 하게 해요. (화를 가라앉히기 위해 긴 숨을 쉬고서 잠시 씩씩대다가) 그뿐인 줄 아세요? 절약, 절약하면서 다른 애들이 다 신는 축구화도 안 사 주고, 군것질도 못 하게 하고, 오늘은 겨우 아이스크림한 개 사 먹은 거로 된통 혼났어요. (얼굴이 벌겋게 변한다.) 사실 이 축구 선수 피규어 때문에 더 화를 낸 것 같지만, (피규어를 증조할아버지 앞에 보인다.) 이건 할아버지가 1년 동안 모은 돈으로 사 주신 거라고요. (슬픈 표정으로 변한다.) 엄마는 용돈도 안 주면서 혼만 내요. 또 있어요. (잠시 말을 멈춘다.) 가끔은 때리기도 해요. 아무튼 억울한 게 끝도 없어요. 가장 억울한 건 날 엄마 맘대로 하려고 하는 거예요. (씩씩 콧바람을 뿜어낸다.) |
| 증조할아버지 | 그건 다 너를 위해서 하는 소리다. |
| 나 | (불끈해져 소리친다.) 거짓말 마세요. 나를 위한다면 엄마도 내가 하고 싶어 하는 것을 하게 응원하고 도와줘야죠. 난 축구 선수가 되고 싶어요. 할아버지는 내 꿈을 꼭 이루라고 이 피규어도 사 주셨어요. (잠시 말을 멈추고 피규어를 바라본다.) 하지만 엄마는 우리 반 애들 다 신고 다니는 축구화도 안 사주면서 혼만 내고. (화난 표정으로 변한다.) |
| 증조할아버지 | (큰 목소리로) 너 가훈조차 벌써 까먹었냐? 거짓말도 자꾸 하면 느는 법이다. (입가에 야릇한 미소가 피어오른다.) |
| 나 | (화난 표정으로) 거짓말 아니에요! 난 다 엄마가 하라는 대로 하고 있다니까요! |
| 증조할아버지 | 그럼, 왜 저 문을 안 열었냐? (방문을 가리킨다.) 너희 엄마가 제발 문 좀 열어 달라고 애걸복걸하던데. |
| 나 | (말문이 막혀 멍하게 바라만 본다.) |

# ◆ 자기성찰 · 계발 역량을 기르는 연극 활동

### 1. 캐릭터 게임

캐릭터 게임은 한 인물을 다양한 캐릭터로 가정하고 활동을 하는 연극 기법이다. 예를 들어 교실에 현재, 10년 후, 20년 후, 30년 후 등의 팻말로 시공간을 미리 구분해 두고 직업 등의 캐릭터도 표시해 놓는다. 연기자는 장소를 이동하면서 역할극을 즉흥극이나 마임 등으로 정해진 지시에 맞춰 연기를 하거나 표현 활동을 한다. 또는 완성한 극본을 바탕으로 관객들 앞에서 공연을 해도 좋다. (조별로 캐릭터 게임에 사용할 극본을 완성하게 되면, 연극 관련 활동을 어렵지 않게 진행할 수 있다.)

다음의 표를 활용하여 학생들이 가상의 상황을 받아들이고, 그 상황에 어울리는 활동을 하다 보면 다양한 반응이 표현되게 마련이다. 10년 또는 20년, 30년 후의 변화된 모습을 체험하면서 용기와 자신감을 북돋을 수 있게 될 것이다. 또는 꿈을 좇는 멋진 모습을 연기하면서 새로운 다짐을 하게 된다. 이와 같은 활동 속에서 언어 사용의 변화를 발견할 수 있다. 연극 활동을 시작하기 전에는 미리 규칙 등을 설정하여 지키도록 한다.

아직 벌어지지 않은 미래의 모습을 순차적으로 나름의 논리에 맞춰 상상하다 보면, 자신의 현재 모습을 되돌아 보는 계기가 된다. 캐릭터 게임 과정 속에서 다른 사람에 대한 그릇된 판단은 하지 않았는지 살펴보는 계기를 접할 것이다. 타인에 대한 특이한 감정이나 관점을 이해할 수 있도록 유도한다.

❖ 서식 예

| 시간 | 현재 | 10년 후 | 20년 후 | 30년 후 |
|------|------|---------|---------|---------|
| 캐릭터 | 소심하지만 과학을 좋아하는 학생 | 과학자 | 우주선 발명 | 세계적인 과학자 |

| | | | | |
|---|---|---|---|---|
| 연기 | - 무시당한다.<br>- 쉬는 시간마다 책을 읽는다. | - 친척들이 깜짝 놀란다.<br>- 친구들이 질투한다.<br>- 연구 활동에 열심이다. | - 바쁜 생활에 지쳐 있다.<br>- 예전에 무시했던 친구들이 후회한다. | - 모두의 존경을 받는다.<br>- 무시했던 친구들이 친해지려고 다가온다. |

## 2. '만약에(as if~)' 활동

한 사람이 동일한 극본 속에서 중심인물, 주변인물 등 다양한 등장인물을 연기해 보면서 달라지는 시각을 실제로 체험해 보는 활동이다. 역할을 바꿔 맡을 때마다 대사와 지문이 달라져, 내용을 재인식하고 작품을 입체적으로 이해하여 전체적인 작품 분석력도 높아지므로 설정한 교육 목표에 따라 활용할 극본을 선택해야 한다.

'만약에(as if~)' 활동은 학생들에게 텍스트에 확실히 드러나지 않은 환경과 어떤 결정에 대한 숨은 동기를 찾아내게 하는 기회를 제공해 준다. 즉 학생들에게 인물의 상황에 관심을 갖게 하며 왜 인물이 그와 같은 상황에 처하게 됐는지와 어떻게 슬기롭게 대처해야 하는지에 대해 생각하게 하는 활동이다. 즉, 이 활동을 통해 자기중심적인 사고에서 벗어나 타인의 관점에서 생각할 수 있는 기회를 접하게 되므로 폭넓은 시야 확보가 가능해진다.[22]

이 활동은 학급 전원이 참여할 수 있다는 장점과 함께, 각자 맡은 역할에 따라 다양한 의견을 제시할 수 있다. 함께했을 때 좋은 추천 활동은 다음과 같다. ① 인물들에게 질문하기, ② 새로운 사건 만들기, ③ 소도구 만들기, ④ 새로운 결말로 바꾸기, ⑤ 작품 속 시간과 공간 바꾸기, ⑥ 등장인물들의 장점과 단점 찾기, 이외에도 상황에 맞춰 여러 가지 활동을 활용한다면 보다 효과적인 수업 결과를 얻게 될 것이다.

---

**22** 배덕임(2016), 「앞의 논문」, pp.133-134.

❖ 활동 예

| 활동 | 유의점 및 진행 참고 사항 |
|---|---|
| 1) 중심인물처럼 활동한다. | • 기존 텍스트에 등장하는 중심인물의 고정된 시각이나 특정한 시각이 아닌 일반적 의미에서 학생들의 갈등이나 고민을 표현해도 되는 허용적인 분위기를 조성한다.<br>• 조별 및 개별 활동에서 드러나는 다양한 시각이나 갈등의 출현은 중심인물에 대한 많은 정보를 파악하게 돕는다. |
| 2) 주변인물처럼 활동한다. | • 자신의 생각을 토대로 상황을 파악하고 적절하게 행동하도록 한다.<br>＊이 활동의 초점은 흥미를 높이고 문제를 해결하고자 하는 욕구를 자극하도록 계획하면 좋다. |
| 3) 새로운 인물인 것처럼 활동한다. | • 새로운 인물을 등장시킴으로써 전혀 다른 구조로 이야기가 바뀐다.<br>• 새로운 역할자가 갖고 있는 가치관이나 세계관을 표현하는 것이 중요한 활동이 된다.<br>＊고정된 대본이 없으므로 역할자의 다양한 분석과 표현들로 활동이 진행된다. |

# ◈ 자기성찰 · 계발 역량을 기르는 조별 활동

## 1. 친구의 장점 찾아 주기

아래 표를 활용하여 자신을 제외한 조원들의 장점을 3~5개 정도 찾아 적은 뒤, 조별 발표 수업을 진행할 수 있다.

| 장점 내용<br>친구 이름 | 장점 1 | 장점 2 | 장점 3 | 장점 4 |
|---|---|---|---|---|
| | | | | |
| | | | | |
| | | | | |

## 2. 나와 친구의 미래 모습 상상하기

아래 표를 활용해 자신과 조원들의 미래를 일정한 시간별로 상상하여 정리하고, 조별 발표 수업을 진행할 수 있다.

| 친구 이름<br>시간 | | | |
|---|---|---|---|
| 10년 후 | | | |
| 20년 후 | | | |
| 30년 후 | | | |

자유롭게 시간과 장소 등 배경과 등장인물을 설정하고, 각자 파악한 극본의 형식으로 글쓰기 활동을 하도록 권장한다.

장소     ◎◎◎◎초등학교 졸업 30주년 기념 동창회

시간     20XX년 12월

등장인물  나, _____, _____, _____, _____

벌써 준비된 좌석이 꽉 찼다. 오랜만에 만난 친구들, 즐겁게 이야기를 하고 있다.
나는 뒤늦게 동창회 장소에 들어선다.

나       (반가운 얼굴로) 반갑다! 너 _____ 맞지?

____     (당황한 눈빛으로 두 눈이 휘둥그레지며) 어어, 누구였더라?

나       (자기 이름을 당당하게 말하며) 나야 나! _____ 진짜 모르겠어?

____     _____

         _____

____     _____

         _____

____     _____

         _____

# 2부

# 목적별
# 교육연극 프로그램

교실 안에서 생활 지도와 교과 수업은 서로 관련이 없는 별개의 것으로 나눌 수 없다. 교육 연극 프로그램은 아이들이 생활 속에서 실제로 경험하는 갈등 해결, 올바른 가치 설정, 타인의 의견 공감하며 듣기 등 인성 교육과도 연계된다. 학급 내 갈등이 일어난 상황을 연극 수업의 소재로 활용하여 문제 상황을 미리 예방할 수도 있다. 다양한 문제 상황을 연습 장면으로 활용할 수 있기 때문이다. 연극 내용과 비슷한 상황이 실제로 벌어졌을 때 어떻게 반응할지 충분한 대화를 나누다 보면 실제 문제가 일어났을 때 현명한 대처 방법도 기대할 수 있다. 마찬가지로 올바른 가치 형성과 다양한 능력을 함양할 수 있으며, 또한 연극 공연이라는 공동의 목표를 향해 협동하는 과정을 통해 유대감을 기를 수도 있다.

2부에서는 이러한 생활 지도 영역을 보조하는 교육연극 프로그램을 소개하며, 교수-학습 과정에 있어서 교사의 역할에 집중해 본다. 극본 읽기, 역할극, 문제 상황에 대한 토론, 그리고 새로운 결말 쓰기까지 모든 과정에 있어 역할 내 교사(TiR, Teacher in Role)와 역할 밖 교사 (OoR, Out of Role)의 역할을 제시한다.

역할 내 교사란, 교사도 교육연극 속 역할을 맡아 아이들과 가상의 상황에 함께 참여하는 방식을 뜻한다. 교사가 연극적 상황 속으로 들어가 학습 동기 유발을 촉발 시킬 수 있도록 활동하는 것이다. 교사의 연기를 관찰하는 학생들은 교사가 평소의 '지도자'로서의 역할이 아닌 극중 역할을 맡기에 학생들의 호기심과 몰입을 이끌어 낼 수 있을뿐더러 수행할 과제를 매끄럽게 안내할 수 있다. 또 학생들과 수평적인 관계에서 학급의 일체감을 빠르게 조성할 수 있을 뿐만 아니라, 학생들의 활동을 암묵적으로 인도하고 수정하도록 유도하는 역할을 수행하기도 용이하다. 따라서 교육연극 본연의 교육적 목표에 쉽게 도달할 수 있지만, 이는 결과 중심의 목적성이 아닌 과정 중심의 교육효과를 도모한다.

역할 내 교사와 역할 밖 교사의 영역을 적절하게 활용하며 2부에서 제시하는 짧은 교육 연극용 극본을 통해 1. 갈등 해결 활동, 2. 올바른 가치 설정 활동, 3. 다양한 매체 표현 활동, 4. 낱말의 여러 의미 익히기 활동, 5. 공감하며 듣기 활동, 6. 백금률 활동을 익힐 수 있는 방법을 살펴보기로 한다.

# 각 생활 지도 영역과 교사의 주요 활동

| 생활 지도 영역 | 역할 내 교사의 주요 활동 | 역할 밖 교사의 주요 활동 |
|---|---|---|
| 갈등 해결 활동 | • 친구를 괴롭히는 은수 역할을 가능한 과장하여 연기를 한다.<br>• 현재 학급에서 사용할 것으로 예상되는 어휘를 사용하여 현실감을 준다.<br>• 학생들이 역할 속으로 참여하게 유도한다. | • 학생들이 상황을 파악하게 유도한다.<br>• 다양한 의견을 들어 준다.<br>• 발표하지 않는 학생들의 표정도 유심히 살핀다.<br>• 감정 이해의 폭을 높여간다. |
| 올바른 가치 설정 활동 | • 올바른 가치를 인지하도록 일부러 반대로 행동하고 말한다.<br>• 학생들이 직접 연기해 보도록 유도한다.<br>• 감정 표현을 풍부하게 연기한다. | • 가치의 개념에 대해 생각하게 한다.<br>• 학생들이 토의 거리를 찾아내게 한다.<br>• 현대 사회에서 문제가 되고 있는 가치에 대해 생각하게 안내자 역할을 한다. |
| 다양한 매체 표현 활동 | • 표현 능력의 중요성을 느끼게 연기한다.<br>• 상황에 어울리는 통신 매체 사용을 소개한다.<br>• 언어 사용 대신 자신의 마음을 전달하는 방법을 떠올리게 한다. | • 의사소통은 발화자와 수신자의 노력이 함께할 때 성공한다는 걸 느끼게 한다.<br>• 의사소통에 사용되고 있는 매체의 특성과 장단점을 발견하게 한다. |
| 낱말의 여러 의미 익히기 활동 | • 언어의 사전적 의미와 함축적 의미를 생각하도록 연기한다.<br>• 사용 맥락에 따라 언어의 의미가 달라지는 걸 발견하게 한다. | • 허용적인 분위기 속에서 수업을 진행한다.<br>• 학생들이 지적하는 잘못된 어휘 사용에 대해 보충 설명을 한다.<br>• 의도와 다르게 표현되는 의미를 발견하도록 유도한다. |
| 공감하며 듣기 활동 | • 공감하며 듣기의 자세를 학생들이 체험하도록 연기를 한다.<br>• 일방적 말하기를 시연해 보여 학생들의 참여를 유도한다. | • 학생들이 공감하며 듣기에 참여할 수 있도록 역할극 등을 구성한다.<br>• 듣기는 의사소통의 중요 요소임을 체험하게 다양한 연극적 기법을 활용한다.<br>• 환영받는 대화법을 발견하게 한다. |
| 백금률 활동 | • 자기중심적으로 행동하는 인물의 역할 연기를 과장하여 보여 준다.<br>• 타인을 배려해야 한다는 점을 학생들이 발견하도록 연기한다.<br>• 다양한 연기 기법을 활용하여 본다. | • 백금률의 의미를 발견하도록 한다.<br>• 상황을 설정하고 백금률을 적용해 보도록 한다.<br>• 학급에서 필요한 백금률의 상황을 극본으로 구성하여 발표하게 한다.<br>• 타인 존중의 중요성을 발견하게 한다. |

교육연극은 교실 안팎의 갈등을 해결하기 위한 좋은 교육 활동이다. 교육연극 특성상 성장기 아이들의 크고 작은 갈등을 다룬 내용이 많고, 극본을 통해 갈등 상황을 객관적으로 이해하고 해결책을 찾을 수 있게 도와주기 때문이다.

특히나 교실 안팎에서 다양한 폭력에 노출되기 쉬운 환경 속의 아이들은 여러 갈등 상황에 어쩔 수 없이 직면하게 된다. 하지만 어떤 문제를 발견하고 문제의 원인을 찾아 해결해 나가는 과정은 어른이나 아이나 크게 다르지 않다. 학생들 간의 친밀감을 쌓고 표현력을 향상시키는 방법을 교육연극을 통해 간접적으로 접하고, 연극 활동 후 깊이 있는 토론 활동을 겸한다면 갈등을 해결하는 힘을 기를 수 있을 것이다.

이 장에서는 아래 수업 자료 속 폭력적인 친구에게 괴롭힘당하는 주인공 기호의 모습을 통해, 갈등 해결을 위한 교육연극 극본과 함께 동기 유발에서 정리하기까지 효과적인 수업 진행 과정을 제시한다.

## ◆ 수업 자료

### 〈거짓말쟁이〉 중 1막 일부

청소 시간, 교실에서 기호는 비질을 한다. 은수는 일부러 기호 쪽으로 다가간다.

은수        (인상을 찌푸리며 크게 소리친다.) 야, 나한테 쓰레기를 보내?

기호        (깜짝 놀란 채 표정이 굳는다. 방백) 아닌데. 괜히 은수한테 잘못 대꾸했다가는 꼬투리만 잡히겠지?

|     |     |
| --- | --- |
|     | (묵묵히 비질을 계속한다.) |
| 은수 | (화를 내며) 너 지금 내 말 무시하는 거야? |
|     | (기호에게 다가가 대뜸 다리를 걸어찬다.) |
| 은수의 단짝들 | (흥미로운 표정으로 다가오며) 은수야, 뭐야? 호호호……. |
|     | (비아냥거리는 얼굴로 은수 주변에 둘러선다.) |
| 기호 | (몸을 움츠리며 주춤거린다. 힐끗 바라본 후 고개를 숙인 채 가만히 있다.) |
| 은수 | (기호를 손으로 툭 밀치며) 이 자식이 나한테 쓰레기를 쓸잖아. |
|     | 완전 재수 없어! (기호에게 또 다시 발길질을 한다.) |
| 기호 | (표정이 일그러진 채. 방백) 선생님이 빨리 오시면 좋을 텐데……. |
|     | (은수의 발길질을 견뎌낸다.) |
| 은수 | (의아한 표정으로) 뭐야? 이 자식. 꿈쩍도 안 하네. (잠시 발길질을 멈춘다.) |
|     | 아이, 재미없어! (툴툴거리며 기호에게서 멀어진다.) |
| 은수의 단짝들 | 은수야. 뭐야? 뭔데? (은수 뒤를 졸졸 따라간다.) |
| 도연 | (먼 곳에서 달려오며) 기호야, 괜찮아? (기호를 살피며 위로한다.) |
| 기호 | ……. |
|     | (두 눈에 눈물이 흐르지만. 도연의 눈길을 피해 고개를 숙인다.) |

## ◈ 길잡이: 동기 유발과 학습 안내

　　역할 내 교사로서 문제 인물이 친구를 괴롭히는 원인을 파악하기 위해 마임 활동 및 역할
극 속에서 갈등을 일으키는 인물을 직접 실연한다. 극중 인물을 연기할 때에는 학생들의 반응

을 이끌어 내기 위해 다소 과장하여 연기하는 것이 좋다.

학생들이 상황을 파악하면 연극 활동을 마친 후에는 역할 밖 교사 역할로 돌아와, 아래 예시처럼 등장인물의 행동에 대한 생각을 솔직하게 말하게 한다.

❖ 예시

| | |
|---|---|
| 역할 밖 교사 | 여러분, 제가 누구죠? |
| 학생 | 친구를 괴롭히는 은수요. |
| 역할 밖 교사 | 맞아요. 그런데 제가 왜 친구를 괴롭히는 것 같나요? |
| 학생 1 | 성격이 나빠서요. |
| 학생 2 | 기호를 싫어하니까요. |
| 학생 3 | 원래 나쁜 사람이라서요. |

⋮

| | |
|---|---|
| 역할 밖 교사 | 우리 반에 이런 친구가 있으면 어떨까요? |

이후, 앞으로의 수업 과정을 설명하고, 등장인물의 심정을 유추해 보게 하거나 등장인물의 문제를 해결하려면 어떻게 해야 할지 생각해 보게 한다. 이 과정에서 학생들이 문제를 해결할 능력을 충분히 갖추고 있음을 강조하는 것이 중요하다. 학생들이 문제에 대한 자신감을 갖고 있으면 적극적인 참여를 유도할 수 있기 때문이다.

## ◆ 갈등 및 문제 상황 제시: 역할극 – 반응 형성하기

역할 내 교사로 앞의 극본을 활용해 학생들의 참여를 유도하면서 실연한다. 이때, 학생들의 참여에 허용적인 분위기를 조성하도록 한다. 이름표 등의 교구재를 활용하면 여러 명이 돌아가며 등장인물을 연기할 수 있고, 역할 내 교사/역할 밖 교사로 발화할 때를 명확히 구분할 수 있다.

관객 역할을 맡은 학생들은 갈등 상황을 유발하는 인물을 연기하는 사람에게 이런저런 말을 걸 수 있는 자유로운 분위기를 조성하고, 등장인물은 가능한 한 자신의 심리 상태를 관객들이 파악할 수 있도록 대사를 추가하여 연기해도 좋다.

❖ 예시

| | |
|---|---|
| 은수 | 오늘은 저 녀석을 골탕 먹여야지. |
| 은수 | 뭐야? 나한테 먼지를 보내다니. |
| 기호 | 이곳에 오면 나를 도와줄 사람을 만날 수 있다고 했는데, 어디 있지? |

많은 학생이 역할극에 참여하고 싶어 할 때에는 교구재(이름표나 특정 사물)를 사용하여 발언권을 중재한다.

## ◇ 해결 방법 실연: 질의응답 – 발표하기

공연을 하고 나면, 갈등 상황 속 인물들의 심리 상태와 문제점에 대해 학급 전체가 이야기를 나누며 파악해 본다. 이때 교사는 학생들이 추후 비슷한 갈등 상황에 처했을 때 바람직한 행동을 할 수 있도록 문제 행동의 어떤 점이 잘못된 것인지 명확하게 설명해 줘야 한다. 교내 폭력이나 따돌림 문제와 관련된 교육을 병행해도 좋다. 현대사회는 매체의 발달로 오랜 시간이 지난 뒤에도 잘못된 행동이 샅샅이 밝혀진다는 사실을 알려 준다. 특히 학교 폭력의 심각성은 갈수록 쟁점이 되고 있어, 학창 시절에 폭력을 행사한 사람은 성인이 된 후에도 그에 상응한 대가를 치르고 있다. 학교폭력에 가담한 유명인들의 사례를 조사하여 발표할 수도 있다. 친구가 괴롭힘을 당하는 걸 목격했을 때 선생님께 알리는 게 고자질이라고 생각하고 못 본 척하는 경우도 있으므로, 고자질과 알림의 차이에 대해서 주지시킨다. 또한 자연스럽게 학생들이 불합리한 문제의 해결 방법을 찾아낼 수 있도록 유도하며 토론으로 이끌어 나간다.

❖ 예시

| | |
|---|---|
| **역할 밖 교사** | 여러분, 방금 전 상황에서는 어떤 문제가 있었나요? |
| **학생 1** | 은수가 친구를 괴롭혀요. |
| **학생 2** | 은수는 말이 거칠어요. |
| **학생 3** | 은수는 함부로 폭력을 써요. |
| **역할 밖 교사** | 그런데 약한 모습을 보이면 친구들이 무시하고 괴롭힐 수도 있잖아요! 친구를 괴롭히는 아이의 기분은 어떨까요? |
| **학생 2** | 부드럽게 말하면 친구들이 싫어하지 않거든요. |
| **학생 3** | 무시당할까 봐 먼저 남을 괴롭히는 건 잘못된 행동이에요. |
| **역할 밖 교사** | 무섭게 대하면 다들 자기 말도 잘 듣고, 어른들한테 이르지 않는데요? |
| **학생 2** | 속으로는 다들 싫어하면서 그런 척만 하는 거예요. |
| **학생 1** | 나는 괴롭힘 당하면 부모님한테 말할 거예요. |
| **역할 밖 교사** | 여러분은 다른 친구를 괴롭히는 친구를 본 적 있나요? |

⋮

이 과정은 학생들의 적극적인 참여가 중요하기 때문에, 교사는 등장인물의 심리 상태를 상세하게 부연설명하며 학생들의 참여를 끌어낸다. 해결 방법을 실연하는 과정에서는 행동을 적극적으로 연기할 학생을 선발하는 것에 특히 주의해야 하는데, 그렇지 않으면 수업의 흐름이 연결되지 못하고 끊길 수 있다.

이후, 학생들이 제시한 아이디어를 취합하여 갈등 상황을 해결하는 과정을 추가하여 원작을 재구성한 즉흥극을 만들어 연기해 본다. 올바른 가치를 자연스럽게 주장하는 학생에게 참여를 유도한다.

또는 추가로 조별 또는 개별로 갈등이나 문제가 해결된 모습을 몸으로 표현해 보거나 새로운 극본을 자신이 직접 써 보는 창작 활동을 운영해도 좋다.

재구성한 작품은 조별로 발표한 후, 갈등 해결에 효과적인 방법이나 또 다른 문제점은 없는지, 실제 생활에서도 적용 가능한지 등을 토의하는 기회로 삼는다. 문제를 해결하기 위해 새로운 인물이 등장하거나, 장소나 시간을 바꿀 수 있음을 미리 설명한다.

친구들과 즐겁고 행복한 학교생활을 하는 방법, 친구 사이에 좋은 대화법, 좋은 친구의 조건, 언어 폭력의 심각성 등에 대해 생각을 발전시키는 계기로 삼을 수도 있을 것이다.

개개인에 따라 추구하는 가치가 다르겠지만, 학교 교육의 가장 큰 목적은 시대상에 어울리는 개인의 능력을 함양하고 이상적이고 바람직한 사회 구성원으로서 가치를 갖도록 하는 것이다. 따라서 사회가 합의한 올바른 가치들을 내면화하는 인성 교육 역시 인지적 학습 능력을 기르는 것만큼 중요하다.

인성 교육은 가정이나 학교 밖에서 저절로 이루어지는 게 아니다. 인성 교육은 체계적인 교육 속에서 이루어지며, 교육연극을 활용한 교과 수업을 하면 사회가 바라는 올바른 가치를 효과적으로 함양하는 데 기여한다. 인성 교육을 위해 문학 작품으로 교육연극 활동을 체험하게 되면 과정 속에서 바람직한 삶의 가치를 내면화하는 태도 역시 지니게[23] 할 수 있다.

아래 수업 자료 속 독립군으로 활동했던 증조할아버지의 후회 가득한 대사를 통해, 등장인물이 괴로워하는 원인을 파악하고 올바른 가치가 무엇인지 생각해 보는 계기를 갖는다.

## ◈ 수업 자료

### 〈뽐내지 마〉 중 일부

증조할아버지　저 액자 속에서 요즘 돌아가는 꼴을 지켜만 보고 있으려니 정말 울화가 치밀더구나. 제법 살 만해졌는데도 우리가 겪었던 그 숱한 고통을 싸그리 잊고 있으니. 이를 어쩌면 좋냐? 그 숨 막히고 처절했던 때를 전혀 이해하려고도 하지 않고. (잠시 말을 멈추지만 호흡이 불안정해진다.) 지금 당장의 이익 앞에서 설

---

23　초등 국어과 〈문학〉 교육 성취 기준 (6국 05 - 06) 관련 활동

레발을 치더구나.

(울화를 참아 내는 목소리로) 이런 말도 안 되는 꼴을 보려고 우리가 많을 걸 포기하면서 독립운동을 했나 싶다. 다 내 탓이다. 네 엄마가 너한테 공부 타령을 하는 것도, 돈이 없어 네 뒷바라지를 제대로 못 한 것도. 다 내 탓이야, 내 탓이야! (손으로 가슴을 서너 번 친다.)

그러니 너희 엄마를 너무 원망하지 마라. 특히 너까지 이렇게 힘들게 살 줄 알았더라면 일본놈들 비위나 맞출 것을 그랬다. 내가 일본놈들 앞잡이 노릇을 했더라면, 너 먹고 싶은 아이스크림도 맘껏 사 먹을 텐데. (말을 잇지 못하고 거친 숨을 내쉰다.)

영어 학원? 맞아! 네 친구들이 죄다 다닌다는 영어 학원도 다닐 수 있을 텐데. 그리고 어디 축구화뿐이겠냐? 네 엄마라면 분명히 축구공도 선수들이 쓰는 가장 좋은 것으로 사 줬을 거다.

그때로 돌아가면 난 절대로 안 할 거다. 독립운동 같은 것은 절대로 안 해! (거친 숨소리와 함께 고함을 지른다.) 내가 이 꼴을 보려고 가족조차 내팽개치고 독립운동을 한 것은 절대 아니란다. 흑흑흑. (소리 내어 흐느껴 운다.)

나    (멍하니 증조할아버지를 보고 있다가 따라 울면서, 방백) 학교에서 배워서 아는데. 일본 사람들 앞잡이를 한 사람들은 진짜 진짜 나쁜 사람들이라고 했는데. 그들은 우리나라 사람들을 괴롭히고, 커다란 피해를 준 나쁘고 못된 사람들인데, 우리 증조할아버지가 그런 사람이나 될걸 그랬다고 후회를 하다니 설마 진짜로 그렇게 생각하신 건 아니겠지? 다 나 때문에 마음에도 없는 거짓말을 하신 것 같아.

나    (독백) 수업시간에 선생님은 독립운동 하신 분들을 엄청 칭찬하셨어. 특히 이름을 드러내지 않고 아무 보상도 원하지 않은 채 독립운동을 하신 분들이야말로 진정한 영웅이라고 하셨어. 우리 증조할아버지는 선생님이 말한 진정한 영웅인데, 내 앞에서 돈 때문에 기도 못 펴시고 굳게 지켜오신 신념까지 버리시려는 것 같아.

## ◆ 길잡이: 동기 유발과 학습 안내

수업을 진행하기 전, 학생들에게 미리 작품을 소개하거나 읽어오게 한다. 극본 속 등장인물들의 기분이 어떠할지 발표할 수 있도록 질문을 유도한다.

❖ 예시

| | |
|---|---|
| 역할 밖 교사 | 여러분, 증조할아버지는 왜 괴로워했을까요? |
| 학생 1 | 후손이 가난하게 살고 있어서요. |
| 학생 2 | 지금 우리나라 사람들이 잘못하고 있다고 생각하니까요. |
| 학생 3 | 아이스크림을 못 먹어서요. |
| 역할 밖 교사 | 그렇다면 증조할아버지가 후회하지 않고 보람을 느끼게 하려면 어떻게 해야 할까요? |
| 학생 1 | 선조들에게 감사한 마음을 간직하고 잊지 말아야 해요. |
| 학생 2 | 학생으로서 학교 생활을 열심히 해야죠. |

간혹 위의 "아이스크림을 못 먹어서요."처럼 엉뚱한 발표를 하는 학생들도 있다. 이때 교사가 정색하고 엄하게 혼내거나 훈계를 하면 연극 수업에서는 좋은 결과를 얻기 힘들어진다. 자연스럽게 대처하는 능력을 발휘하여 엉뚱한 방향으로 수업이 쏠리지 않도록 주의를 기울인다. 다양한 가치가 발표될 수 있도록 허용적인 분위기를 제공해야 한다는 것을 명심한다.

또한 문제 상황의 해결을 위해 개인의 역할, 기관, 단체 및 국가의 역할 등 다양한 의견을 제시하고 가치판단을 하도록 유도한다.

# ◆ 갈등 및 문제 상황 제시: 역할극 – 반응 형성하기

　교사는 역할 내 교사로서 학생들과 함께 제시된 수업 자료를 활용해 연극을 실연하고, 등장인물이 괴로워하고 고민에 빠진 이유가 잘 느껴지도록 과장하여 연기한다. 또한 관객 역할을 맡은 학생들이 소극적으로 소리치면 일부러 안 들리는 척하거나 못 알아듣는 척을 하며 계속 괴로워하는 연기를 해 적극적인 반응을 이끌어 낸다.

　교사가 원하는 반응이 나오면 교사는 연극을 중지하고 역할 밖 교사로 나와 아래의 예시처럼 올바른 가치가 무엇인지 질문을 하고, 어떤 가치를 우선으로 해야 좋을지 토론을 진행한다.

❖ 예시

- 여러분, 독립운동을 하신 분들은 어떤 마음이었을까요?
- 일본 경찰에게 쫓기던 독립운동가들은 무슨 생각을 했을까요?
- 만약에 독립운동을 하신 분들이 없었다면 우리나라는 어떻게 됐을까요?
- 여러분 주변에 독립운동을 하신 분이 있나요?
- 앞으로도 이런 상황이 펼쳐지면 여러분은 독립운동을 할 건가요?

　특히 수업 자료의 소재가 독립운동이므로, 국가가 국민에게 주는 혜택과 기능을 살피게 한다. 국가의 중요성과 역할, 선진 사회에 주어진 국민의 의무를 살펴보고, 그 의무를 실천하는 사례를 조사하여 발표하는 활동으로 연계할 수도 있다. 심각한 국제사회 문제로 부각되고 있는 난민 문제 등 상황에 따라 시청각 보조 자료를 사용할 수도 있다. 시청각 보조 자료의 경우, 다양한 나라의 사례를 통해 학생 스스로 비교할 수 있도록 선별하는 것도 권장한다.

문제 상황을 공연하고, 극본 속 등장인물의 심리 상태와 문제점에 대해 학급 전체가 이야기를 나누며 해결 방법을 파악해 본다. 해결 방법을 실연할 때에는 다양한 학생들이 참여하도록 시간을 여유 있게 배정한다. 이때 학생들이 폭넓은 관점에서 문제를 파악하도록 도와야 한다.

교사는 학생들에게 가치 판단을 요구하는 문제의 중요성을 명확하게 설명해 준다. 또한 친구나 가족 사이, 학교에서 우선되어야 할 다른 가치나 생활 방식에 대해서도 설명하고 이유를 듣도록 하고 발표한 학생들을 격려한다.

잘 알려지지 않은 독립운동가들을 찾아내고, 독립운동가의 후손들이 긍지를 가질 수 있는 사회 분위기를 만들려면 어떻게 행동해야 할지 조별 토의를 진행한다.

❖ 예시

- 독립운동가와 친일 활동을 했던 사람들의 후손들은 어떻게 살고 있을까요?
- 여러분이 생각하는 바람직한 국가의 모습이 있나요?
- 국민의 의무에 대해서 알고 있나요?
- 우리 사회에서 바람직하지 않다고 생각하는 모습이 있나요?
- 선진 사회로 나아가기 위해 개선해야 할 태도나 생활 방식이 있을까요?

이후, 학생들이 제시한 아이디어를 취합해 원작을 재구성한 즉흥극을 만들어 연기해 본다. 올바른 가치를 자연스럽게 주장할 수 있도록 추구하는 가치를 새롭게 설정하여 다양한 상황극을 펼쳐 보인다.

또는 조별 또는 개별로 새로이 설정한 가치를 바탕으로 타블로나 마임 등의 기법을 활용하거나 새로운 극본을 써 보는 창작 활동을 운영해도 좋다.

　조별 토의 과정을 거쳐 어떤 가치를 가장 우선시하였는지를 발표한다. 학급 내에서 제기한 가치를 모아 비교하고 다시 토의하는 과정을 거친다. 학급 전체의 토의를 통해 학급에서 중요시할 가치 하나를 선정한다. 학생들이 선정한 가치를 주제로 역할극이나 상황극을 구성하여 실연해 보게 한다. 학급 전체가 연극 활동을 감상한 후 새로운 글쓰기를 해 본다.

# 3장    다양한 매체 표현 활동

　다양한 상황에 적합한 언어·상징·텍스트·매체를 활용하여 자신의 생각과 감정을 효과적으로 표현하는 능력은 현대 사회에 필수적인 소양이다. 이 장에서는 연극을 통해 목적이나 주제에 따라 알맞은 내용과 매체를 선정하여 글을 쓰고,[24] 매체 자료의 특성을 고려하여 내용을 효과적으로 발표[25]하는 방법을 익힌다.

　수업 자료로 제시된 극본에는 등장인물이 자신의 마음을 전달하기 위해 선택한 여러 방법이 담겨 있다. 작품 속 인물은 친구가 되고 싶은 아이에게 사탕을 건네기도 하고, 편지를 써 전달하기도 한다. 이와 같은 활동을 연극적 기법에 적용하면 자신의 생각과 감정을 상황에 따라 효과적으로 표현하는 능력을 기를 수 있다.


## ◆ 수업 자료


### 〈사탕 공주의 이름〉 중 일부


장면 1

달리고 있는 라희 머릿속에 며칠 전 일이 떠오른다.
무대 어두워졌다가 다시 밝아지고, 배경은 교실로 바뀐다.

---

24　초등 국어과 〈쓰기〉 교육 성취 기준 (6국 03 - 02) 관련 활동
25　초등 국어과 〈듣기·말하기〉 교육 성취 기준 (6국 01 - 05) 관련 활동

| 미미 | (막대 사탕을 내밀며) 라희야, 이거 먹을래? |
| 라희 | (앞쪽만 바라본 채 대꾸하지 않는다.) |
| 미미 | (막대 사탕을 라희 눈앞으로 올려 보이며) 이거 엄청 맛있어. |
| 라희 | (버럭 화를 내며 소리친다.) 싫어! 싫다니까 왜 자꾸 그래. |

라희도 자신의 소리에 놀라 주변을 살핀다. 반 아이들 시선이 라희에게 쏠려 있다.

| 라희 | (책상에 엎드려 버린다.) |
| 미미 | (혼잣말로) 미안해. 맛있는 거라 준 건데. (아쉬운 표정을 짓는다.) |

서서히 무대 어두워지고 막이 내린다.

장면 2

다음 날 병실. 엄마가 병실 침대 시트를 바꾸는데 시트 밑에서 작은 카드가 나온다. 엄마가 먼저 카드를 읽고 라희에게 건네준다.

| 미미 | (목소리만 음향을 통해 들린다.) |
|  | 내 친구 라희야! 네가 빨리 나아서 학교에 오면 좋겠어. |
|  | 나를 싫어하는 것 같아서 여태 말을 못 했는데 나는 너하고 친해지고 싶어. |
|  | 이런 내 마음을 말하기 쑥스러워서 사탕을 주려고 계속 가져왔던 거야. |
|  | 하지만 네가 안 받으니까 민서한테 부탁해서 사탕을 대신 전해 달라고 부탁했었어. |

혹시, 내가 준 사탕을 먹어서 아픈 건 아니지?

네가 학교에 다시 오기를 기다리고 있으니 빨리 나아.

짝꿍 미미가.

라희　　　　(고개를 갸웃거리며, 방백) 혹시 민서가 질투를? (얼굴이 편안해지며 미미가 보낸 편지를 몇 번이나 다시 읽는다. 라희 표정이 점점 밝아진다.)

## ◈ 길잡이: 동기 유발과 학습 안내

수업을 진행하기 전, 학생들에게 친구들과 어떤 방법으로 소통하는지 생각하게 한다. 극본 속 등장인물은 어떤 방법으로 자신의 마음을 표현하고 있는지 질문한다. 친해지고 싶은 아이에게 사탕을 나눠 주는 작품 속 인물처럼 연극의 현실성을 높이기 위해 반 학생들에게 사탕을 나눠 줘도 좋다.

❖ 예시

| | |
|---|---|
| **역할 내 교사** | 이거 먹어! |
| **학생들** | 우아! |
| **역할 밖 교사** | 여러분, 친구에게 사탕을 왜 나눠 줄까요? |
| **학생 1** | 맛있으니까요. |
| **학생 2** | 좋아하니까요. |
| **학생 3** | 사랑 고백 하는 거죠. |
| **역할 밖 교사** | 사랑을 고백하는 건 마음을 전달하는 행동이죠. |
| | 미미의 행동도 이와 비슷해요. |
| | 여러분은 사탕 대신에 마음을 어떻게 전달하나요? |

이성 관련 발언이 나오면 순식간에 교실 분위기가 바뀌게 된다. 하지만 이와 같은 발언을

수업 분위기를 망치는 엉뚱한 발언이라 여기지 말고, 학생의 성장 과정에 대한 이해를 바탕으로 자연스럽게 받아넘긴다. 비판적인 태도보다는 긍정적인 태도로 학생들이 공감하도록 분위기를 이끌어 간다.

학생들에게 마음을 전달할 수 있는 매체의 종류를 조사해 보게 하고, 조사한 매체나 자료를 어떤 상황에 효과적으로 사용할 수 있는지 의견을 자유롭게 발표하게 한다.

## ◈ 갈등 및 문제 상황 제시: 역할극 – 반응 형성하기

교사는 역할 내 교사로서 학생들과 함께 제시된 수업 자료를 활용해 연극을 실연하고, 등장인물들이 고민에 빠진 이유가 잘 느껴지도록 과장하여 연기한다. 매체를 활용한 의사소통의 경우 양쪽의 입장이 다를 수 있으므로, 발화자와 수신자의 입장이 관객들에게 잘 전달되도록 연기를 해야 한다.

❖ 예시

| 미미 | 난 라희랑 친하게 지내고 싶은데. 라희는 반응이 너무 없어. |
| | 내가 좋아하는 사탕을 줘 볼까? |
| | (막대 사탕을 내밀며) 라희야, 이거 먹을래? |
| 라희 | (방백) 짝꿍 미미는 너무 수다스러워. 게다가 난 사탕을 싫어하는데 |
| | 맨날 주고. |
| | (앞쪽만 바라본 채 대꾸하지 않는다.) |
| 미미 | 이거 진짜 맛있는데. 라희야, 먹어 봐. |
| 라희 | (버럭 소리친다.) 매일매일 이러니까 정말 짜증나! |

연기를 할 때에는 위의 예시처럼 등장인물들의 상황을 구체화하기 위해 대사를 추가하여 연기를 과장해도 좋다. 교사는 역할 밖 교사의 위치에서 친구의 마음을 얻기 위해 물건으로

환심을 사려는 행동에 어떤 문제가 있는지 질문을 한다. 또한, 친구를 어떻게 사귀는 게 좋은지 발표하게 하고, 그 행동을 평가할 수 있는 상황을 만들어 간다.

## ◈ 해결 방법 실연: 질의응답 – 발표하기

수업 자료로 쓰인 극본은 상황에 맞지 않는 다른 매체를 사용해 소통했을 때 제대로 소통할 수 없다는 점을 인식시킬 수 있도록 발췌된 것이다. 모두 함께 공연을 하고 나면, 교사는 학생들이 편리하게 사용하는 소통 매체들이 어떤 것인지 질문을 한다. 쉽게 사용하는 이메일이나 메신저처럼 각종 매체들의 장점과 단점을 생각해 보고, 각각의 매체가 어떤 경우에 효과적으로 쓰일 수 있을지 생각하는 기회를 준다.

아래와 같은 질문을 통해 학생들이 상황별로 효과적인 전달 매체를 분석할 수 있도록 조별 토의를 진행한다.

❖ 예시

- 메신저의 장점과 단점은 무엇일까요?
- 여러분이 보낸 메시지로 친구가 놀리면 어떻게 행동해야 할까요?
- 글쓰기가 어렵고 싫을 때에는 나의 마음을 어떻게 전달해야 할까요?
- 어른들에게 필요한 것을 요구할 때에는 어떤 매체를 사용해야 할까요?
- 선생님께 곤란한 내용을 전달하고 싶을 때에는 어떻게 해야 할까요?

실제 학교 생활에서 겪게 되는 문제를 해결할 수 있도록 자신을 밝히지 않고 문제 상황을 전달할 수 있는 매체를 소개하거나, 과거에는 있었지만 지금은 사라진 매체, 미래에 개발되거나 활용될 매체에 대해 상상하는 활동을 덧붙여 보기도 한다.

이후, 학생들이 제시한 아이디어를 취합하여 원작과 다른 매체를 추가하거나 극본 내용을 바꿔 쓰는 창작 활동을 운영해도 좋다. 새로 쓴 극본을 바탕으로 즉흥극을 만들어 연기하면서 매체 이용의 장단점을 파악하게 한다. 혹은 비밀 편지를 통해 친구에게 차마 전하지 못했던 마음을 표현하는 시간을 가져 보게 한다.

## ◇ 정리 및 확인

조별로 의사소통을 잘하기 위한 상황과 매체를 설정하는 과정을 갖게 한다. 전쟁 상황 속에서 효과적인 매체는 무엇일까? 남들이 전혀 눈치채지 못하게 마음을 전달 할 수 있는 매체는 무엇일까? 등등 다양한 상황 속에서 마음을 효과적으로 전달할 수 있는 매체에 대해 생각해 보게 한다.

예를 들어 친구에게 사과를 해야 하는 상황에 적합한 매체는 어떤 게 있을지 묻고 학생들이 답을 하면 해당 매체 사용이 적합한 이유에 대해 생각하여 발표하게 한다. 또는 손으로 표현하는 수화 등 다채로운 매체를 표현해 보게 한다.

30년 후 또는 100년 후의 미래에 각광을 받게 될 매체에 대해 상상하게 하고 발표하게 한다. 미래에 보편화될 매체로 소통 과정을 새롭게 재구성해 본다.

　우리가 일상생활 속에서 사용하는 단어는 여러 개의 의미가 결합되어 있는 경우가 많다. 중심적 의미와 주변적 의미, 사전적 의미와 함축적 의미, 그 밖에 주제적 의미와 연상적 의미 등등 낱말이 가리키는 여러 의미를 이해하게 되면 단어가 사용되는 맥락에 따라 적절히 사용할 수 있게 된다. 즉, 단어 간의 관계를 논리적으로 이해할 수 있어 어휘력 향상과 과학적 사고에 도움이 된다.

　이 장의 수업 자료로 제시된 극본에서는 일반적으로 쓰이는 의미와 다른 의미로 쓰인 단어들이 등장한다. 이 장의 활동을 통해 언어는 생각을 표현하며 다른 사람과 관계를 맺는 수단임을 이해하고 국어 생활을 할[26] 수 있고, 글을 읽고 글쓴이가 말하고자 하는 주장이나 주제를 파악[27]할 수 있을 것이다.

### ◆ 수업 자료

**〈가짜 산타〉 중 1막 일부**

| | |
|---|---|
| 유미 | (흡족한 미소로 교실 안을 둘러보며 천천히 또렷하게 발음한다.) |
| | 이. 제. 부. 터. 난. 산. 타. 야. |
| 시연 | (놀란 얼굴로 두 눈이 동그래지며) 왜? 어제까지 천사였잖아? |
| 유미 | 천사는 따분해서 이젠 그만할 거야. 생각해 보니 산타가 더 재미있을 것 같 |

---

26　초등 국어과 〈문법〉 교육 성취 기준 (6국 04 - 01) 관련 활동
27　초등 국어과 〈읽기〉 교육 성취 기준 (6국 02 - 03) 관련 활동

|  | 아. (잠시 말을 멈춘 후 쩌렁쩌렁 큰 소리로) 이제부터는 산타 놀이 할 거니까 나를 산타라고 불러 줘. |
|---|---|
| 아라 | (놀란 표정으로) 뭐어? 산타? (말끝이 올라간다.) |
| 유미 | 왜? 불만이야? (눈을 부릅뜨고 노려본다.) 이제부터 난 착한 애들에게만 선물을 주는 산타를 할 거야. (잠시 말을 멈추고 주변 아이들을 둘러본 뒤) 자, 이제 말해 봐. 내가 누구라고? (거만한 표정과 눈길로 교실을 둘러본다.) |
| 희지 | 유미는 산타야. 오늘부터 산타 한대. 그러니 너희들도 산타라고 불러야 해. (주변을 둘러보며 말한다.) |
| 아라, 시연 | (놀란 표정으로 서로 얼굴만 바라보고 있다.) |
| 유미 | (아라와 시연이를 못마땅한 표정으로 노려보며) 싫은 거야? (화가 난 목소리로) 아니면 멍청해서 벌써 까먹었니? |
| 시연 | (다급한 표정으로 손을 저어 가며) 아니, 유미 넌 이제부터 산타야! |
| 아라 | (시연이와 눈빛을 맞춘 후 고개를 끄덕이며) 마, 맞아. 유미는 산타야. 그치? |
| 수연 | (고개를 숙이고서, 방백) 쟤들 진짜 유치하게 노네. (헛구역질을 하며) 우웩! |
| 유미 | (강한 목소리로) 내가 누구라고? |
| 아라, 시연 | (목소리를 합하여) 산타! |
| 유미 | 소리가 작아. 더 크게! |
| 아라, 시연, 희지 | (입을 모아) 산타! 유미 너는 산타야. 이제부터 우리 모두 그렇게 부를게. (반 애들이 모두 들을 수 있도록 고개를 돌려 가며 말한다.) |
| 지민 | (잔뜩 인상을 쓴 채) 애들아, 이제 그만 조용히 좀 해 줄래? (목소리에 힘이 있다.) |

유미, 아라, 시연, 희지, 뻘쭘해진 표정으로 서로의 눈치를 살핀다. 지민은 고개를 들고 태연하게 앉아 있다. 수현은 못마땅한 마음을 표현하지 못한 채 책을 읽는 척 앉아 있다.

수업을 진행하기 전, 학생들에게 미리 작품 속 키워드가 되는 단어('산타'와 '천사')의 사전적 의미를 조사해 오게 한다. 다양한 의미를 파악하기 위해 미리 사전을 준비하는 것도 허용한다. 학생들이 조사해 온 내용을 발표하게 한다. 간혹 교사가 의도한 대답이 아닌, 엉뚱한 대답이 나오는 경우도 있다. 이런 상황도 교육 목표 달성과 관련한 활동으로 진행할 수도 있고, 굳이 지적하지 않고 자연스럽게 넘어갈 수도 있다.

❖ 예시

| | |
|---|---|
| 역할 밖 교사 | 여러분, 천사는 어떤 일을 하나요? |
| 학생 1 | 착한 일을 해요. |
| 학생 2 | 어려운 사람을 도와줘요. |
| 학생 3 | 날개를 사용해 하늘을 날아다녀요. |
| 역할 밖 교사 | 그렇다면 산타는 어떤 사람인가요? |
| 학생 4 | 크리스마스 때 착한 아이들한테 선물을 준대요. |
| 학생 5 | 빨간 옷을 입고 흰 수염 난 할아버지예요. |
| 역할 밖 교사 | 우리 반에 천사가 있나요? |
| 학생 6 | 없어요. |
| 학생 7 | ○○○요. |
| 학생 8 | 선생님이요. |

천사나 산타클로스 관련 소품을 사용하여 마임 활동 및 역할극 활동을 준비하면 학생들의 반응이 좋다. 관련 소품을 활용하면 극적인 반응과 효과를 이끌어 내고 집중력도 높아지기 때문이다. 연극 실연 전에 특히 낱말의 의미 파악에 집중하게 한다. 따라서 낱말의 의미가 어떻게 변하는지 파악해 가며 감상하는 법을 안내한다.

교사는 역할 내 교사로서 연기를 할 때, 극본 속 어휘를 사전적 의미와 다른 의미로 사용하는 등장인물의 역할을 뚜렷하게 연기한다.

관객 역할인 학생들에게는 언제든 연극에 참여할 수 있음을 인식시킨다. 극중에 다양한 반응이 나올 수 있도록 자유로운 분위기를 조성한다. 천사의 역할이나 산타의 역할을 어떻게 하라고 지시하는 학생이 있으면 그 학생이 역할을 맡도록 기회를 제공한다. 가능한 한 여러 유형의 천사나 산타의 모습을 학생들로 하여금 표현하게 한다.

교사가 판단하였을 때 적절한 연기가 이루어졌을 경우, 연기를 중단시킨다. 혹은 관객들이 등장인물의 잘못된 행동을 적극적으로 수정 및 지적하기 시작하면 역할극을 중단하고, 토론을 진행한다.

❖ 예시

| | |
|---|---|
| 학생 1 | 천사는 친구를 괴롭히지 않아. |
| 학생 2 | 산타는 남의 물건을 빼앗지 않아. |
| 학생 3 | 넌 산타가 아니야. 조금 전에 다른 애 물건을 마음대로 가져갔잖아. |
| 학생 4 | 맞아. 넌 천사도 아니야. 천사는 친구를 절대로 괴롭히지 않아. |
| | 친구를 괴롭히는 행동은 악마들이 즐겨 하는 거야. |
| 역할 밖 교사 | 그럼. 천사와 산타라는 별명은 어떤 사람에게 붙여야 할까요? |

보편화되고 일반화된 천사와 산타의 개념이 아니라 새롭게 정의할 수 있는 개념이 있는지 의견을 수렴해 본다. 본 활동 속에서 세대 간의 인식 차이를 발견할 수 있고, 학생들이 새롭게 부여하는 의미를 살펴보고 언어의 사회성에 대한 설명도 덧붙여 주기를 권장한다. 시대에 따라서 언어의 의미가 변하기도 하고, 언어 사용자의 수에 따라 의미가 전이되기도 한다는 것을 설명해 준다. 예를 들어 "너무"라는 어휘는 부정적 의미로 사용이 되었지만, 다수의 언어 사용자들이 긍정적인 의미로 사용하게 되어 현재에는 '너무 예뻐, 너무 좋아, 너무 신나'처럼 사용하는 것을 허용하였다.

학생들은 연극 활동을 보면서 잘못 사용되는 어휘를 지적할 수 있게 된다. 이와 같은 과정 속에서 어휘의 올바른 의미를 파악하게 되고 어휘를 정확하게 사용함으로써 다른 사람과 관계를 원만하게 맺어 갈 수 있게 된다. 학생들에게 생활 속에서 사용되고 있는 애매한 의미의 어휘를 발견하게 하거나 극본 속 상황과 유사한 경험이 있는지 발표하게 한다.

## ◈ 해결 방법 실연: 질의응답 – 발표하기

문학 작품 속에서 작가가 말하고자 하는 주장이나 주제를 파악하여 발표하게 한다. 다른 방법으로 주제를 표현할 수 있는 방법에 대해 조사하여 발표하도록 유도하는 것도 권장한다. 지금 학급 내에서 새로운 의미로 사용되는 어휘가 있는지도 생각해 보게 한다.

교사는 여러 문학 작품 속에서 어휘의 의미가 어떻게 다른지 설명하거나 그와 관련된 질문을 던지고 학생들이 자신의 생각을 서슴없이 표현하게 한다.

❖ 예시

- 우리 주변에 천사가 진짜 있을까요?
- 여러분도 천사가 될 수 있다고 생각하나요?
- 세상에서 천사가 사라지면 어떻게 될까요?
- 우리 모두가 천사라면 어떤 일이 벌어질까요?
- 여러분은 산타가 있다고 믿나요?
- 여러분이 산타라면 어떤 일을 하고 싶나요?
- 혹시 할머니가 여러분께 "우리 강아지!" 하고 말한 적 있나요?
  이때 강아지는 어떤 의미일까요?
- 만약에 여러분이 숙제도 하지 않고 게임만 하고 있을 때,
  부모님이 "잘한다. 잘해!"라고 했다면, 어떤 의미로 사용한 것 같나요?

• 무서워서 바들바들 떨고 있는 친구에게 "넌 참 용감해!" 하고 칭찬한 친구 말의 의미는 어떤 뜻일까요?

이후, 학생들이 제시한 아이디어를 취합하여 원작을 재구성한 즉흥극을 만들어 연기해 본다.

또는 낱말이 상황에 따라 어떻게 다양하게 해석되는지 관찰하고 수집하는 활동으로 이어 가도 좋다. 조별로 다양한 파생 의미를 찾아서 발표하고, 자연스럽게 다의어 학습으로 이어가도 좋다.


## ◈ 정리 및 확인

조별로 특별한 의미를 가진 단어의 사례를 조사해 발표한 후, 언어의 기능과 특성에 대해 심화 학습을 하는 기회로 삼는다. 사전적 의미는 따로 있더라도, 혐오 표현으로 사용되는 낱말이 있다면 이런 문제는 어떻게 해결하면 좋을지 추가 토론을 해 보는 것도 권장한다. 아울러 외국인 화자의 경우 사전적 의미를 중심으로 언어 사용을 하므로 대화 상황에 신경써야 함을 인지시켜 준다.

새롭게 발견한 어휘의 의미를 사용하여 극본을 다시 써 보는 활동도 추천한다.

# 5장 공감하며 듣기 활동

대화 능력은 한 인간이 성장하고 발전하는 데 꼭 필요한 능력이다. 성공적인 대화를 위해서는 자신의 의견을 확실하게 밝히는 태도도 중요하지만, 이에 못지않게 중요한 것은 상대가 처한 상황을 이해하고 공감하며 듣는 태도[28]이다. 대화 상황 속에서 상대방의 감정에 공감하며 적극적인 듣기를 통해 서로의 의견을 존중해 주다 보면 이를 바탕으로 바람직한 삶의 가치를 내면화하게 될 것이다. 이와 같은 대화 방법을 통해 내 생각만 주장하지 않고 타인의 생각을 수용하게 되고 의사소통의 중요성을 배울 수 있게 된다.

공감하며 듣기를 잘하는 인물은 상대에게 감동을 주고, 사회 구성원들에게 환영을 받게 된다. 학생들에게 생활 속에서 공감하며 듣기와 관련한 사례를 발표해 보게 하고, 이를 이야기나 극형식으로 표현해 보게 하면[29] 더 나은 대화 방법을 위한 탐구의 장이 펼쳐질 수 있다.

다음 수업 자료로 쓰인 극본을 통해서는 같은 인물들이지만 상반되는 대화 분위기의 장면을 비교할 수 있다.

---

**28** 초등 국어과 〈듣기·말하기〉 교육 성취 기준 (6국 01-07) 관련 활동
**29** 초등 국어과 〈문학〉 교육 성취 기준 (6국 05-06) 관련 활동

〈난 나쁜 친구야!〉 중 일부

장면 1

과학 시간. 정웅이 실험 도구를 설치한다.

태욱        (설치된 과학 실험 도구를 살피며) 이건 이렇게 설치하는 게 아닌데.
           (정웅이 설치해 놓은 것을 다시 설치한다.)
반 친구 1    (놀란 목소리로) 우아! 태욱이 넌 어떻게 그렇게 잘 알아?
반 친구 2    그러게. 엄청 잘한다. (부러운 눈길을 보낸다.)
태욱        이 정도는 기본이지. (가볍게 웃는다.)
정웅        (얼굴이 벌겋게 변한다. 태욱을 흘겨보며 인상을 찌푸린다.)
반 친구 3    태욱이는 공부도 잘하고 마음씨도 착해. 그치? (조원들을 바라본다.)
반 친구 1, 2  (입을 모아) 맞아! 맞아!
정웅        (화난 표정으로, 방백) 꼴도 보기 싫은 녀석. 사라져 버려라. 제발!

장면 2

정웅과 태욱이 한동안 말없이 촛불을 바라본다.

| 정웅 | (난처한 표정으로) 미, 미안해. 그날 내가 크게 소리쳐서 깜짝 놀랐지? (힐끗 태욱이 눈치를 살핀다.) |
|---|---|
| 태욱 | (손사래를 치며) 아냐, 내가 더 나빴어. 나도 너에게 일부러 자전거를 태워 주지 않았거든. (미안해하는 표정으로) 왜냐하면 너는 형이 있어서 그런지 듬직해 보이고 강해 보였어. (잠시 말을 멈춘다.) 사실은 네가 엄청 부러웠고, 샘도 많이 났어. (정웅의 얼굴을 바라본다.) 그래서 그때 너를 제치고 더 빨리 가려다가 바다 쪽으로 굴러 떨어진 거야. 그런데도 넌 착해서 나쁜 나를 구해 줬잖아. |
| 정웅 | (깜짝 놀라 태욱의 눈을 똑바로 바라본다.) 내가 진짜 듬직하고 강해 보였어? |
| 태욱 | (고개를 끄덕인다.) |
| 정웅 | (표정이 밝아지며) 태욱아, 너랑 나랑 통하는 것도 있었네. 그치? (태욱의 눈치를 살피는 모습이 불안해 보인다.) |
| 태욱 | (생각에 잠긴 채 말이 없다.) |

정웅이 태욱의 손에 들린 가짜 촛불에 익살스럽게 바람을 분다. 가만히 있던 태욱이 갑자기 혹 하고 더 세게 바람을 분다. 정웅이 입꼬리가 올라가고 미소를 짓는다. 눈빛을 마주친 정웅과 태욱이 머리를 맞대고 계속 바람을 분다. 둘 다 얼굴이 벌게진다.

| 정웅 | (바람 부는 것을 멈추더니) 태욱아, 사실 내 속마음은 엄청 나쁜데, 그래도 괜찮겠어? |
|---|---|
| 태욱 | (두 눈이 휘둥그레진 채) 속마음이 나쁘다고? 그건 나도 그래. 우리 그딴 거 신경 쓰지 말자. (잠시 말을 멈춘다.) 우린 친구잖아! (환하게 웃는다.) |
| 정웅 | (바짝 반기며) 좋아! 너랑 나랑 닮은 게 또 생겼다. 그치? (태욱을 따라 웃는다.) |
| 태욱 | (정웅을 따라 웃으며 손에 들고 있던 가짜 촛불을 정웅에게 건넨다.) |

정웅이 태욱의 손을 맞잡는다. 정웅이 먼저 손을 흔든다. 정웅과 태욱의 얼굴에 미소가 커다란 웃음으로 변한다. 웃음소리가 커진다.

교사는 발화자와 수신자, 메시지와 상황 등 대화의 구성 원리를 미리 소개하고, 대화할 때 지켜야 할 예의에 대해 알려준다. 극본 속 등장인물들의 기분이 각 장면별로 어떠할지 비교하고 발표할 수 있도록 질문을 유도한다.

❖ 예시

| | |
|---|---|
| **역할 밖 교사** | 여러분. 첫 번째 장면의 분위기는 어땠나요? |
| 학생 1 | 정웅이가 태욱이를 싫어하는 것 같아요. |
| 학생 2 | 태욱이는 잘난 척을 해서 싫어할 만해요. |
| **역할 밖 교사** | 그렇다면 두 번째 장면의 대화 분위기는 어떻게 달라졌나요? |
| 학생 1 | 서로 사이가 좋아 보여요. |
| 학생 2 | 둘 다 기분 좋게 이야기를 하는 것 같아요. |
| 학생 3 | 친구 말을 잘 들어요. |

비언어적 지문이 많이 포함된 극본을 바탕으로 교육연극 수업을 진행할 때에는 행동이나 태도도 대화의 요소임을 충분히 인지시킬 수 있도록 마임 활동 등을 통해 대화의 분위기나 자세를 표현한다. 표정을 찌푸리며 칭찬을 하거나 비웃어 가며 고개를 끄덕이는 등 사용하는 말과 상반된 태도나 행동을 해 보인다. COVID-19로 온라인 대면 대화의 기회도 많아졌기 때문에, 음성 언어만을 사용해야 하는 경우의 효과적인 대화법을 실연해 보인다. 전화 통화 혹은 대면 대화 중에 기분이 상했던 경험을 상기시키고, 올바른 대화 예절을 안내한다.

전화 등의 매체를 사용할 경우는 말의 내용보다 어투가 더 크게 작용한다는 점을 알려 준다. 문자 언어의 경우는 보내기 전에 미리 검토가 가능하지만, 음성 언어는 발화 즉시 수신자에게 전달되므로 다시 되돌리지 못한다는 점을 고려하여 신중하게 해야 함을 깨닫게 한다.

## ◈ 갈등 및 문제 상황 제시: 역할극 - 반응 형성하기

대화는 일방적인 말하기가 아님을 인지시켜 주기 위해 교사는 역할 내 교사로서 역할을 수행하기를 권장한다. 즉 학생들의 말은 경청하지 않고 일방적으로 자기 말만 하는 역할을 역할 내 교사로서 수행해 간다. 역할을 하는 중간중간 "시끄러. 조용히 해. 내 말 잘 들으라고. 우리 지금 진지한 대화를 잘하고 있잖아. 그치?"라고 학생들의 발화를 방해하면서 진정한 대화가 어떤 것인지에 대해 학생 스스로 깨닫게 연기를 한다.

교사가 역할 내 교사로 연기를 하고 있는데 학생이 "우리 말도 들어 보세요." 등의 개입을 하면 한두 번은 일부러 안 들리는 척하면서 계속 말하기를 이어 간다. 절반 정도의 학생이 회의적인 표정이나 행동을 보이면 역할 내 교사는 역할 밖 교사로 나오기 위한 질문을 하며 바람직한 대화는 말하는 사람과 듣는 사람이 서로 역할을 바꿔갈 때 이루어진다는 것을 알려 준다. 혼자서만 말을 계속하는 것은 진정한 대화가 아니라는 점을 주지시키고 좋은 대화에서는 말을 하고 듣는 태도의 중요성을 생각하게 한다.

❖ 예시

- 친구가 여러분의 말을 듣지 않고 자기 말만 계속하면 어떨까요?
- 여러분이 친구의 말을 듣지 않으면 친구 기분은 어떨까요?
- 여러분은 어떤 사람과 대화가 잘 통하나요?
- 여러분은 누군가의 말을 공감하며 들은 적이 있나요?
- 누군가 여러분의 말을 공감하며 들어 줬을 때 기분이 어땠나요?

친구와 친해지려면 어떻게 대화를 해야 할까요? 또는 어떤 자세로 임하면 친구와 사이가 나빠질까요? 등을 물어서 학생들이 좋은 대화법과 나쁜 대화법, 상대의 말을 공감하며 듣는 방법 등을 발표하면 교사가 연기해 보여도 좋다. 이때 교사는 역할 속으로 들어가 가능한 대화에서 공감적 듣기가 중요하다는 것을 깨달을 수 있도록 연기해 보인다.

## ◈ 해결 방법 실연: 질의응답 – 발표하기

　친구의 말을 듣지 않고 무시하는 장면과 관련한 타블로 활동이나 상황극을 실연한다. 연극 활동에서 대화의 문제점을 파악하게 하고 올바른 대화법을 시연해 보게 한다. 이때 많은 학생들이 참여하면 상황이 다양하게 펼쳐지기 때문에 학생들이 비교·평가하기에 용이해진다.

　이때 교사는 상대가 처한 상황을 이해하고 공감하는 듣기의 중요성을 명확하게 설명해 줘야 한다. 또한 친구 사이에 대화가 어떤 역할을 하는지 살펴보고, 상대방의 기분을 상하게 만들지 말고 마음을 전달하려면 어떻게 말하고 행동해야 할지 조별 토의를 진행한다.

　이후, 학생들이 제시한 아이디어를 취합하여 대화 예절을 지킨 대화로 수정하여 원작을 재구성한 즉흥극을 만들어 연기해 본다. 올바른 대화법을 발견한 학생에게 참여를 유도한다.

　또는 조별 또는 개별로 화기애애한 분위기로 대화를 이어 가는 방법으로 음성 언어 대신 표정이나 몸으로 표현해 보거나 새로운 극본을 쓰는 창작 활동을 운영해도 좋다.

## ◈ 정리 및 확인

　재구성한 작품은 조별로 발표한 후, 대화를 할 때 어떤 태도를 취해야 하는지 등을 발표하거나 토의하는 기회로 삼는다. 새롭게 발견된 올바른 대화법이 있으면 학생들이 모두 참여하여 사용하는 기간을 정하는 활동도 추천한다. 앞으로 권장했으면 하는 대화법과 개선했으면 하는 대화법을 찾아보게 하고 이유 등을 발표하게 한다. 학생들은 자신이 발견한 대화법을 사용해 가면서 성취감을 얻게 될 것이다.

　경청이나 공감의 가치를 중시한 유명인들의 사례가 있다면 소개하고, 공감이나 경청의 장점을 함께 소개하며 수업을 마무리한다.

## 6장

백금률 활동

흔히 알려진 인간관계의 황금률(Golden Rules)은 "상대에게 대접을 받고자 하면 내가 대접받고 싶은 대로 상대를 대접하라."이다. 로마제국 24대 황제 세베루스 알렉산더가 이 글귀를 금으로 써서 거실 벽에 붙인 것에서 유래한 표현인데, 얼마 전까지 최고의 인간관계 유지 방법으로 알려져 왔다.

그러나 요즘에는 황금률보다 "상대가 원하는 것을 파악하여 상대를 대접하라."는 백금률(Platinum Rules)이 원만한 인간관계를 유지하는 방법으로 통하고 있다. 나를 중심(Me-Centered)으로 행동하는 황금률에 반해 백금률은 상대가 원하는 것을 파악해서 상대를 대접하는 상대방 중심(You-Centered)의 행동을 권장하기 때문이다.[30]

공동체 구성원으로서 의무를 이행하고 원만한 사회생활을 유지해 가기 위해서는 자기중심적으로 생각하고 행동하는 태도는 지양해야 한다. 바람직한 사회 구성원으로서의 요구사항 등을 미리 읽어낼 수 있는 능력과 배려하는 자세가 요구되므로, 모든 발화를 상대방이 듣기 좋은 대사로 바꾸는 백금률 활동을 활용하여 역할에 대한 이해를 심화시켜 보고자 한다.

## ◆ 수업 자료

### 〈거짓말쟁이〉 중 3막 일부

기호, 학교 주차장 옆 의자에 앉아 있다. 5교시 시작을 알리는 음악 소리가 들린다. 기호는 불안한 표정으로 사람들 눈에 띄지 않는 구석진 곳으로 옮겨 앉는다.

---

**30** 토니 알렉산드라 외, 유강문 옮김(2002), 『백금률』, 참솔.

| 은수 | (주변을 두리번거리며 화난 목소리로) 아! 이 새끼, 도대체 어디 간 거야? |
|------|------|
| 기호 | (은수 소리를 듣고 깜짝 놀라 몸을 떤다.) |
| 도연 | (둘레둘레 주변을 살피다가 기호 쪽을 가리키며) 저기 기호 아니야? |

기호, 자리에서 벌떡 일어났지만 불안해하고 있다. 도연이 앞서 달려오고 은수 뒤따라온다.

| 도연 | (기호를 살피며 떨리는 목소리로) 기호야, 너 괜찮지? 지금 선생님이 너 찾고 난리 났어. |
|------|------|

기호는 위로하는 도연이 너머로 은수를 본다.
은수를 바라보는 기호 눈빛이 반짝인다. 얼굴에 반가운 기운이 감돈다.

| 은수 | (가까이 다가와서 핸드폰을 꺼내 들고) 선생님께 너 괜찮다고 사진 찍어서 보내야 하니까. (기호 팔을 거칠게 끌어당긴다.) 나한테 딱 붙어. |
|------|------|

기호는 딱딱한 표정으로 은수 옆에 뻣뻣하게 서 있다.

| 은수 | (잔뜩 위협하는 목소리로) 야, 웃으라고! |
|------|------|
| 기호 | (어색하게 미소를 짓는다.) |
| 도연 | (은수와 붙어 있는 기호를 향해 굳은 표정으로 딱딱하게 말한다.) 기호야, 이리 와! |

기호는 도연이와 은수 눈치를 살피며 주춤댄다.

| 은수 | (위협적인 말투와 험악한 표정으로) 기호, 넌 도연이와 싸워서 도망친 거야. 잘 |
|------|------|

알아들었지?

기호   (화들짝 놀라며 아주 작은 목소리로) 난 거짓말 안 하는데.

은수   (기호 어깨에 손을 얹고 겁주는 목소리로) 어때, 내 말대로 할 거지?

기호는 도연을 곁눈질로 살피면서 고개를 끄덕인다. 도연의 표정은 딱딱하게 굳어 있다.
도연, 기호, 은수는 교실을 향해 걸어간다.

## ◈ 길잡이: 동기 유발과 학습 안내

교사는 역할 내 교사의 위치에서 자기중심적인 행동을 과장하여 연기해 보인다. 연기는 가능한 한 자기주장만 반복하는 4~5세 아이 같은 행동을 보여준다. 이때 학생들의 실생활이 잘 드러나도록 상황을 설정하도록 고려한다. 학생들은 역할 내 교사의 연기를 관람하면서 자신이나 주변 친구의 모습과 닮은 점을 발견하게 될 것이다. 이와 같은 거울 효과는 학생 스스로의 발견을 통해 깨닫게 하는 교육 효과를 제공한다.

학생들이 상황극 속으로 참여하면 역할 내 교사에서 역할 밖 교사로 위치를 바꿔 아래와 같은 질문을 한다.

역할 밖 교사   조금 전 인물은 어떤 성격인 것 같나요?
학생 1   피곤해요.
학생 2   자기 맘대로만 행동해요.
학생 3   꼭 내 동생 닮았어요.

학생들의 의견을 모아 등장인물의 행동에 어떤 문제가 있는지 생각해 보게 한다. 나아가 조별 토의를 통해 바람직한 행동을 구상하게 한다. 이때 인간은 사회를 떠나서는 살 수 없다는 점을 발견하도록 분위기를 조성해 준다. 특히 현대 사회는 협업 중심으로 사회구조가 변화하고 있다는 점을 강조한다.

수업 자료로 제시된 극본을 학생들이 시연하도록 한다. 학생들이 다양한 역할을 할 수 있도록 시간을 넉넉하게 편성해, 한 학생이 기호 역할과 은수 역할을 둘 다 체험하게 한 뒤 감정의 차이점을 발표해 보게 한다.

상황에 따라 학생들에게 수업 자료 극본이 아닌 새로운 상황을 연출해 보게 할 수 있다. 갈등을 심화시키기 위한 사건이나 어휘 사용을 첨가하는 것도 허용한다. 이때 관객으로 참여한 학생들이 의견을 연기자에게 제시하면 연기자들은 관객의 의견을 수렴하여 연기해 보이도록 한다.

❖ 예시

구석진 곳에 기호가 앉아 있다. 은수가 먼저 발견하고 손가락으로 가리킨다.

| | |
|---|---|
| 은수 1 | 야, 이 새끼야, 빨리 이리 뛰어와. (큰 소리로 외친다.) |
| 은수 2 | 뭘 그렇게 꾸물거려? |
| 은수 3 | 너, 느림보 거북이니? |
| 도연 | 기호야, 너 괜찮아? |

공동체 구성원들이 화기애애하게 지내려면 원만한 대화 능력이 필요하다. 아울러 타인이 직접 말로 하지 않는 의도도 읽어 내려는 자세가 요구된다. 학생들에게 위 상황에서 기호는 어떤 기분일지, 은수가 어떤 식으로 말해 주기를 바라는지 생각해 보게 한다. 학생들이 기호의 마음을 유추해 발표하면 은수의 역할을 기호가 원하는 방식대로 실연해 보게 한다. 이와 같은 백금률 활동을 수업 자료 극본에 국한하지 말고, 학생들에게 새로운 상황을 구상해 보도록 유도한다.

## ◆ 해결 방법 실연: 질의응답 - 발표하기

다소 낯설게 느껴질 수 있는 백금률의 의미를 체험할 수 있도록 조별 활동을 구상한다. 조별 활동을 통해 기분이 좋거나 나쁨을 나타내는 행동이나 표정 등을 먼저 조사하게 한다. 이와 같은 과정을 경험하면 타인의 기분을 파악할 수 있는 능력을 함양할 수 있게 될 것이다. 교사는 학생들이 학교 내의 생활을 상황극으로 설정하도록 역할 내 교사로서 몇 가지 상황을 연기해 보이는 것도 수업 진행을 촉진하는 데 도움이 된다.

❖ 예시

1. 기호가 은수에게 원하는 행동 주문하기

 - 은수야, 나한테 미안하다고 사과해 줘.

 - 은수야, 내가 걱정돼서 찾으러 왔다고 말해 줘.

2. 은수가 기호에게 원하는 행동 주문하기

 - 기호야, 나를 반갑게 맞아 줘.

 - 기호야, 내가 찾으러 와 줘서 고맙다고 말해 줘.

학생들에게는 예시의 활동처럼 먼저 원하는 것을 요구하고 그대로 행동하게 한다. 모든 연기가 끝나면 연기자들에게 상대방의 행동과 말이 마음에 들었는지 묻고 확인한다.

처음에는 상대가 요구한 행동을 해 본 후, 다음 차례는 요구하지 않고 상대방이 원하는 것이 무엇일지 파악하게 하고 행동하게 한다. 그리고 상대방이 원하는 것을 제대로 파악하고 행동하였는지 확인해 본다.

이 활동을 통해 상대방을 배려하고 존중하는 태도를 익힐 수 있을 것이다.

백금률 활동을 제대로 익혔는지 학생들이 각자 이해한 개념을 발표해 보게 한다. 백금률에 의해 행동해야 하는 이유에 대해 생각해 보고, 학급·공동주택·많은 사람이 모이는 장소 등등 백금률이 적용됐으면 하는 상황을 떠올려 보게 한 뒤, 새로운 내용으로 극본을 써 보게 한다. 모든 사람이 백금률대로 행동한다면 어떤 세상이 변할지 그림이나 글로 표현해 보게 한다.

# 3부

# 동화를 각색한
# 교육연극 극본

## 희곡(극본)이란

무대·관객·배우와 함께 연극을 형성하는 기본 요소인 희곡은, 무대 상연을 목적으로 하는 문학 작품이다. 엄밀히 구분하면 연극, 영화 등의 모든 무대 예술을 만들기 위해 쓰인 글은 극본이고, 연극을 위해 극작가가 글로 쓴 대본을 희곡이라 한다.

희곡은 시나 소설처럼 문학 예술의 한 형식으로, 대사를 중심으로 등장인물의 동작이나 무대 효과에 관한 지시사항을 덧붙여 문자로 표현한다. 다시 말해 무대 상연을 전제로 창작되어진 글인 셈이다.

희곡은 크게 대사와 지문, 해설이란 세 가지 구성 요소로 나눌 수 있다. 대사는 다시 등장인물끼리 서로 주고받는 대화, 등장인물의 혼잣말인 독백, 무대 위의 다른 인물에게는 들리지 않고 관객만 들을 수 있는 것으로 약속된 방백으로 나뉜다. 지문은 무대 장치와 조명, 음악 효과 등의 무대 지시문과 등장인물의 행동이나 표정을 지시하는 동작 지시문으로 구분되며, 해설은 연극 시작 전 등장인물이나 배경, 무대 장치 등을 설명하는 역할을 한다.

희곡 속 이야기가 여러 개의 장면으로 나뉠 때에는, 막과 장을 이용해 새로운 장면으로 전환됨을 나타낸다. 여러 개의 장이 모여 막이 되는데, 대개 막이 바뀔 때에는 무대 커튼(막)을 내렸다가 올리고, 장이 바뀔 때에는 조명을 잠깐 껐다가 켜서 시간이나 장소가 바뀌었음을 관객에게 환기시킨다.

3부에서는 기존에 발표된 동화를 교육연극에 바로 활용할 수 있도록 각색한 짧은 희곡 8편을 소개한다. 현장에서 교육연극 수업을 준비할 때 가장 처음 부딪히는 어려움은 교육연극에 적합한 희곡 작품이 적다는 것이다. 기존에 출간된 희곡 작품은 무대 상영을 목적으로 하는 것들이 많아, 여러 면에서 학급 상황과 맞지 않아 보였다.

교육연극용 희곡의 조건은 꽤나 까다롭다. 시간이나 공간 전환이 많지 않아야 하며, 등장인물의 수도 학급 구성원 수에 맞춰 적당해야 한다. 또한 등장인물의 비중이 골고루 나뉘어져 있어야 하고, 공연 시간이 너무 길어도 곤란하다. 게다가 교육적인 메시지를 담고 있으면서도 아이들의 흥미를 끄는 내용이어야 한다. 이 책에 실린 작품들은 이러한 조건들을 고려하고자 고심한 결과이다.

또한 이 책에 실린 극본들은 2015년 개정 교육과정 속 한 학년 한 권 읽기, 온 책 읽기 등의 수업과 교육연극 프로그램을 자연스레 연계할 수 있도록 기존에 발간한 저자의 동화를 바탕으로 각색한 것이다. 교과서에 발췌되어 있는 짧은 작품이 아니라 온전한 작품을 함께 읽고,

이후에 서로의 생각을 나눠 가며 교육연극 활동을 전개한다면 온 책 읽기에 담긴 교과과정의 의도를 훨씬 더 잘 살릴 수 있을 것이다. 학급 상황이나 필요에 따라 적절히 극본을 골라 사용하길 추천한다.

### 희곡의 구성 요소

## 거짓말쟁이

**해설:** 희곡 속 이야기의 장소와 시간, 등장인물을 소개한다.

| | |
|---|---|
| 장소 | **집 (방안, 거실), 교실, 학교 주차장.** |
| 시간 | **청소 시간, 등교 시간, 점심시간, 5교시 수업 시간, 방과 후** |
| 등장인물 | **기호, 은수, 도연, 승기, 은수의 단짝 1.2.3, 선생님, 기호 엄마와 아빠** |

**1막**

**지문:** 등장인물의 등장과 퇴장, 행동과 표정을 지시하고, 무대 장치, 조명, 음악 효과를 설명한다.

청소 시간 교실에서 기호는 비질을 한다. 은수는 일부러 기호 쪽으로 다가간다.

은수　(인상을 찌푸리며 크게 소리친다.) 야, 나한테 쓰레기를 보내?

기호　(깜짝 놀란 채 표정이 굳는다. 방백) 아닌데. 괜히 은수한테 잘못 대꾸했다가는 꼬투리만 잡히겠지? (묵묵히 비질을 계속한다.)

은수　(화를 내며) 너 지금 내 말 무시하는 거야? (기호에게 다가가 대뜸 다리를 걸어찬다.)

**대사:** 등장인물들이 하는 말을 통해, 이야기의 중심 내용을 전달한다.

115

# 거짓말쟁이[31]

장소       **집 (방안, 거실), 교실, 학교 주차장.**

시간       **청소 시간, 등교 시간, 점심시간, 5교시 수업 시간, 방과 후**

등장인물    **기호, 은수, 도연, 승기, 은수의 단짝 1.2.3, 선생님, 기호 엄마와 아빠**

## 1막

청소 시간, 교실에서 기호는 비질을 한다. 은수는 일부러 기호 쪽으로 다가간다.

| | |
|---|---|
| 은수 | (인상을 찌푸리며 크게 소리친다.) 야, 나한테 쓰레기를 보내? |
| 기호 | (깜짝 놀란 채 표정이 굳는다. 방백) 아닌데. 괜히 은수한테 잘못 대꾸했다가는 꼬투리만 잡히겠지? (묵묵히 비질을 계속한다.) |
| 은수 | (화를 내며) 너 지금 내 말 무시하는 거야? (기호에게 다가가 대뜸 다리를 걸어찬다.) |
| 은수의 단짝들 | (흥미로운 표정으로 다가오며) 은수야, 뭐야? 흐흐흐……. (비아냥거리는 얼굴로 은수 주변에 둘러선다.) |

31    배다인(2020), 『위의 책』 수록작, 소년한길.

| 기호 | (몸을 움츠리며 주춤거린다. 힐끗 바라본 후 고개를 숙인다.) |
|---|---|
| 은수 | (기호를 손으로 툭 밀치며) 이 자식이 나한테 쓰레기를 쓸잖아. 완전 재수 없어! (기호에게 또 다시 발길질을 한다.) |
| 기호 | (표정이 일그러진 채, 방백) 선생님이 빨리 오시면 좋을 텐데……. (은수의 발길질을 견뎌낸다.) |
| 은수 | (의아한 표정으로) 뭐야? 이 자식. 꿈쩍도 안 하네. (잠시 발길질을 멈춘다.) 아이, 재미없어! (툴툴거리며 기호에게서 멀어진다.) |
| 은수의 단짝들 | 은수야, 뭐야? 뭔데? (은수 뒤를 졸졸 따라간다.) |
| 도연 | (먼 곳에서 달려오며) 기호야, 괜찮아? (기호를 살피며 위로한다.) |
| 기호 | ……. (두 눈에 눈물이 흐르지만, 도연의 눈길을 피해 고개를 숙인다.) |

기호는 약한 모습을 보였다가는 앞으로도 괴롭힘이 이어질 것 같다고 생각한다. 아이들에게 만만한 상대가 아니라는 걸 보여주고 싶은데 지켜보는 아이들 눈빛에 용기를 잃고 만다.

| 기호 | (화를 참아내며, 방백) 흥, 나만 당하냐? 너희도 당하면서……. |
|---|---|

기호, 부끄러움을 털어내기 위해 다시 비질을 시작한다.

| 기호 | (비질을 하며, 방백) 은수가 나쁜 애라는 사실은 우리 반 애들이 다 알잖아. 녀석은 중학생처럼 덩치가 크고 성질까지 괴팍해. 반 애들을 괴롭히면 즐거운가? 녀석과 친하지 않으면 심심풀이 땅콩처럼 희생양이 된다니까. |
|---|---|
| 도연 | (곁에서 기호를 지켜보며 위로하는 말투로) 기호야, 오늘은 네가 운이 없었을 뿐이야! |
| 승기 | (가까운 곳에서 목소리를 높여) 맞아! 잊어버려. (도연과 함께 위로 |

한다.)

기호 (도연과 승기를 고마운 눈빛으로 바라보며) 고마워! 학교 끝나고 한
  턱 쏠게.


무대 서서히 어두워졌다가 다시 밝아진다.


기호가 집으로 들어오며 가방을 벗어 던진다. 자기 방으로 들어가 침대에 벌러덩
눕는다. 화난 표정으로 거친 숨을 쉰다. 주머니 속에 있는 핸드폰에서 문자 알림 소리
가 들린다. 핸드폰을 꺼내 본다.


기호 엉? (몸을 벌떡 일으킨다. 뚫어져라 핸드폰을 바라본다.) 내가 마음에
  든다고? (두 눈이 동그래진다.) 그럼 나도 은수와 친해질 수 있다는
  뜻일까? (고개를 갸웃한다.) 만약 은수하고 친해진다면 오늘처럼
  억울하게 당하는 일은 없겠지? (잠시 말을 멈춘다.) 몇 번을 다시
  봐도 내가 맘에 든다고 했어. 그런데 어떡하지, 답을 보내야 하나?
  (고민하는 표정으로 변한다.) 답은 뭐라고 쓰지? 맞아, 이럴 때는 도
  움이 필요해. 도연이한테 연락해 봐야지. 아냐, 아, 괜히 아까 애들
  앞에서 나쁜 놈이라고 욕했어. (괴로운 듯 두 손으로 머리를 감싼다.)
  만약에 도연이가 비웃으면 어떡하지? (안절부절못한 채 한참을 고
  민에 빠진다. 고민하다가 용기 내 도연에게 전화를 건다.)


기호 (어색한 말투로) 도연아, 은수가 내게 메시지를 보냈어. (목소리를
  낮추어) 내가 맘에 든대.
도연 (수화기 저편 아무 말도 없다.) …….
기호 (도연이 말이 없자 주저하며) 어때? 은수가 착해진 거 같지?
도연 (수화기 저편 여전히 말이 없다.) …….

| 기호 | (또렷한 목소리로) 뒤늦게 미안했나 봐. |
|---|---|
| | (도연이가 대답이 없다는 걸 깨닫고 기다린다.) |
| 도연 | (단호하게 소리친다.) 야, 믿지 마! 그거 다 뻥이야. |
| 기호 | (당황한 표정으로, 방백) 도연이가 태도를 바꾸면 좋겠는데? |
| 도연 | 은수 걔, 거짓말 엄청엄청 잘해. (화가 치솟는지 씩씩댄다.) |
| 기호 | 도연아, 못 믿겠으면 은수가 보낸 메시지 너한테도 보내 줄까? |
| 도연 | (목소리를 높이며) 나 당했던 거 잊었어? (잠시 말을 멈춘다.) 은수가 나한테도 친하게 지내자고 전화해 놓고 다음 날 시치미를 뚝 떼고서 날 거짓말쟁이로 몰았잖아. (서운한 목소리로) 너도 잘 알면서. |
| 기호 | 보낸 메시지가 있는데. 설마 아니라고 하겠어? (잠시 말을 멈춘다.) 분명히 아까 일이 미안했던 거겠지. 은수도 반성한 것 같아. |
| 도연 | 야, 난 이제 학원 가야 해! 어쨌든 그거 개뻥이니까 절대 속아 넘어가지 마. (또박또박 강조해서 말한다.) 은수는 새빨간 거짓말쟁이야. 내 말 명심해. |

기호가 들고 있는 전화가 끊겨 있다. 아직 할 말이 많은 기호는 전화기를 바라보며 서운한 표정을 짓는다. 하지만 금세 즐거운 표정으로 침대에서 내려와 거울에 모습을 비춰본다. 머리를 매만지며 표정도 살핀다. 입가에 미소가 피어오르고 "아자아자" 등의 말을 크게 소리친다. 전화기를 들고서 연락처를 뒤진다.

| 기호 | (두 눈을 번쩍이며) 맞아! 승기가 있지. (미소를 지으며 문자를 보낸다.) |
|---|---|

곧바로 답 신호가 온다. 신이 난 기호가 답 문자를 보내자 전화벨이 울린다.

| 기호 | (반가운 목소리로) 승기야, 은수가 내가 맘에 든대. (잠시 말을 멈춘다.) 나랑 친하게 지내자는 것 같아. (목소리 들떠 있다.) |
| --- | --- |
| 승기 | (부러운 목소리로) 축하해! 은수가 먼저 메시지를 보냈다니 완전 부러워. 넌 좋겠다. |

한동안 통화를 하고 난 기호 얼굴에 웃음이 가득하다. 기호, 기분 좋은 표정으로 전화를 끊는다.

| 기호 | (독백) 이럴 줄 알았으면 아까 은수 흉을 안 보는 건데. (아쉬운 표정을 지으며) 아차, 승기한테 은수가 보낸 문자 보낸다고 할걸 그랬나? 아쉽네. |
| --- | --- |

무대 서서히 어두워졌다가 막이 내린다.

## 2막

기호는 눈을 뜨면서 활짝 웃는다. 콧노래를 부르며 방에서 나온다. 부모님을 향해 경쾌하게 아침 인사를 건넨다.

| 기호 | 엄마, 아빠! 좋은 아침이에요. |
| --- | --- |
| 아빠 | (놀란 얼굴로) 우리 아들, 무슨 일이야? 네가 먼저 인사하니까 기분 좋은데. 허허. (환하게 웃는다.) |
| 엄마 | 맞아, 그동안은 묻는 말에 대꾸조차 하지 않더니. 환하게 웃으며 말하니까 엄청 좋다. 앞으로 쭉 부탁한다. (얼굴에 웃음이 가득하다.) |

| 기호 | 히히히, 알겠어요. (기분 좋아 이런저런 말로 너스레를 떤다.) |

기호, 가방을 메고 집을 나서기 전 현관에서 신발 끈을 다시 맨다. 엘리베이터 안에서 위층 아저씨를 만나 밝게 인사한다. 현관을 나와 곧바로 뛴다. 주변을 살피면서 학교를 향해 달려간다.

무대 어두워졌다가 다시 밝아진다.

교실 안 친구들이 삼삼오오 이야기를 나누고 있다. 기호는 교실 출입문에 서서 승기 자리를 살핀다. 승기 자리는 비어 있다. 짝꿍 도연의 모습은 보인다. 서운한 표정으로 자리로 간다. 미소를 지으며 바지 주머니에 손을 넣는다. 깜짝 놀란 표정으로 주머니 안을 뒤진다.

| 기호 | (가방 안 물건을 책상 위에 꺼내면서) 어? 어딨지? |
| 도연 | (놀란 목소리로) 기호야, 너 왜 그래? |
| 기호 | (힘없는 목소리로) 없어. 내 폰……. |
| 도연 | (기호 물건들을 살피며) 혹시 집에 놓고 온 거 아냐? |
| 기호 | (고개를 흔들며) 몰라. 기억이 안 나. |
| 도연 | 잘 생각해 봐. |
| 기호 | (고개를 갸웃거리며 혼잣말로) 아침에 밥을 먹고, 가방 메고, 핸드폰 챙겼고. 신발을 신고. (손뼉을 치며) 신발장! 맞아, 신발장 위에 놓고 왔네! |
| 도연 | (얼굴에 미소를 지으며) 다행이다. 나도 깜짝 놀랐잖아. |
| 기호 | (어색한 표정으로) 고마워. |

도연은 핸드폰으로 기호 전화에 신호를 보낸다. 신호음만 울린다. 기호 표정이 불

안해진다. 그때 승기 교실로 들어온다.

승기    (반가운 표정으로 손을 들어 보이며) 기호야, 벌써 왔네? (기호 근처
       로 가까이 다가간다.)
기호    (난처한 표정으로 말이 없다.) …….
승기    (주변 눈치를 살피며) 너, 어제 말한 은수 문자 보여 줄래?
기호    (힘없는 목소리로) 지금은 없어, 폰을 집에 놓고 왔어.
승기    (바짝 다가와서 의심스러운 눈빛으로) 왜 놓고 와? 은수가 보낸 문자
       에 다른 내용도 있었던 거야? (호기심 가득한 눈빛으로 변한다.) 아
       니면 너 혼자만 은수하고 친해지려고 그런 거야?
도연    승기야, 그만해. (잠시 말을 멈춘다.) 기호도 지금 당황해하고 있어.
       깜빡하고 집에 놓고 왔나 봐.
승기    (전화기를 꺼내며) 기다려 봐. 내가 전화해 볼게.

승기 손에 들고 있던 전화기로 전화를 건다. 신호음만 울리고 전화를 받지 않는다.
은수가 교실로 들어선다. 승기, 도연, 기호 모두 은수를 바라본다. 기호는 은수를 반기
지도 못한 채 당황한 표정으로 서 있다.

승기    (기호 표정을 살피더니 낮게 속삭인다.) 너, 어젯밤에 거짓말한 건 아
       니지? (의심 가득한 눈빛으로 기호를 살핀다.)

선생님이 교실로 들어온다. 아이들 허둥지둥 자리에 가서 앉는다. 기호 표정은 굳
어 있다.

무대 어두워지고 막이 내린다.

점심시간, 급식실 안에 학생들이 식판을 들고 줄을 서 있다. 음식을 받아든 기호는 앉을 자리를 살핀다. 승기는 은수와 나란히 앉아 밥을 먹고 있다. 기호는 승기와 은수가 앉아 있는 자리에서 멀리 떨어진 곳에 앉는다. 승기는 은수에게 이런저런 말을 꺼낸다. 기호 표정이 불안해진다.

급식을 먹고 난 기호는 교실로 들어선다.

| | |
|---|---|
| 승기 | (기호를 발견하고서 소리친다.) 기호, 너 진짜 나쁘다! |
| 기호 | (멍한 표정으로 바라본다.) ……. |
| 승기 | (기호에게 가까이 다가가며 소리친다.) 거짓말쟁이! 정직 타령이더니 완전 실망이야! (속은 것에 분하다는 표정으로) 어제 나한테 전화로 말한 것도 다 가짜지? 거짓말이 탄로날까 봐 일부러 휴대폰을 안 가져온 거지? |

기호, 아무 말도 못 한 채 바짝 굳어 있다. 은수와 단짝들이 수군대기 시작한다. 승기는 거친 숨을 내쉬며 얼굴이 벌겋게 달아오른다.

| | |
|---|---|
| 승기 | (벌게진 얼굴로) 거짓말쟁이, 내가 개뻥에 완전 속아 넘어갔네. (발까지 탕탕 구르며 행동을 크게 한다.) |
| 은수 | (승기 어깨를 툭 치면서) 승기야, 그만해. (비웃는 얼굴로 기호를 바라본 뒤) 우리랑 운동장에 가서 축구나 하고 오자. |
| 승기 | (환한 미소를 지으며) 진짜? 나도 끼워 주는 거야? |
| 은수 | (고개를 끄덕이더니 출입문을 향해 걸어간다.) |
| 승기 | 기분도 꿀꿀했는데 고마워! 은수야, 너 진짜로 기호한테 메시지 보 |

|     |     |
| --- | --- |
| | 낸 적 없지? (은수 곁으로 바짝 다가가며 묻는다.) |
| 은수 | 하하하, 그러니까 애들이 너더러 천연기념물이라고 하지. (기분이 좋게 웃어 보인 뒤) 어제 너무 심심해서 장난으로 보내긴 했어. 내가 뭐라고 했더라? (걸음을 멈춰 서서 기호 쪽을 돌아본다.) 근데 저 녀석이 유치한 이모티콘으로 답장을 보내더라고. 시시하게 말이야. 너도 볼래? (핸드폰을 꺼낸다.) |
| 승기 | (깜짝 놀란 표정으로) 뭐? (잠시 말을 멈춘다.) 너, 조금 전에는 기호한테 메시지 보낸 적 없다고 했잖아. (기호를 잠깐 살펴 본 뒤) 네 말만 믿고 기호한테 거짓말쟁이라고 소리쳤는데. (따지듯이) 너, 나한테도 거짓말한 거야? |
| 은수 | 하하하, 너 기호한테 화내는 걸 보니까 엄청 귀엽던데. 크크크. (반 애들이 다 들을 수 있게 큰 소리로 말한다.) 심심해서 장난한 거니까 이제 그만 신경 꺼. |

반 애들이 수군대기 시작한다. 기호 쪽을 바라보며 거짓말쟁이라고 말하는 애들이 있다. 낄낄거리며 비웃는 애들도 있다. 기호는 자리에서 벌떡 일어나 교실 밖으로 뛰쳐나간다.

무대 어두워졌다가 잠시 후 다시 밝아진다.

기호, 학교 주차장 옆 의자에 앉아 있다. 5교시 시작을 알리는 음악 소리가 들린다. 기호는 불안한 표정으로 사람들 눈에 띄지 않는 구석진 곳으로 옮겨 앉는다.

|     |     |
| --- | --- |
| 은수 | (주변을 두리번거리며 화난 목소리로) 아! 이 새끼, 도대체 어디 간 거야? |
| 기호 | (은수 소리를 듣고 깜짝 놀라 몸을 떤다.) |

도연            (둘레둘레 주변을 살피다가 기호 쪽을 가리키며) 저기 기호 아니야?

기호, 자리에서 벌떡 일어났지만 불안해한다.
도연이 앞서 달려오고, 은수는 뒤따라온다.

도연            (기호를 살피며 떨리는 목소리로) 기호야, 너 괜찮지? 지금 선생님이
                너 찾고 난리 났어.

기호는 위로하는 도연이 너머로 은수를 본다.
은수를 바라보는 기호 눈빛이 반짝인다. 얼굴에 반가운 기운이 감돈다.

은수            (가까이 다가와서 핸드폰을 꺼내 들고) 선생님께 너 괜찮다고 사진
                찍어서 보내야 하니까. (기호 팔을 거칠게 끌어당긴다.) 나한테 딱
                붙어.

기호는 딱딱한 표정으로 은수 옆에 뻣뻣하게 서 있다.

은수            (잔뜩 위협하는 목소리로) 야, 웃으라고!
기호            (어색하게 미소를 짓는다.)
도연            (은수와 붙어 있는 기호를 향해 굳은 표정으로 딱딱하게 말한다.) 기
                호야, 이리 와!

기호는 도연이와 은수의 눈치를 살피며 주춤댄다.

은수            (위협적인 말투와 험악한 표정으로) 기호, 넌 도연이와 싸워서 도망
                친 거야. 잘 알아들었지?

| 기호 | (화들짝 놀라며 아주 작은 목소리로) 난 거짓말 안 하는데. |
| 은수 | (기호 어깨에 손을 얹고 겁주는 목소리로) 어때, 내 말대로 할 거지? |

기호는 도연을 곁눈질로 살피면서 고개를 끄덕인다. 도연의 표정은 딱딱하게 굳어 있다. 도연, 기호, 은수는 교실을 향해 걸어간다.

무대 서서히 어두워지고 막이 내린다.

## 4막

교실 문 앞. 은수가 출입문을 막고 서서 기호에게 낮게 속삭인다.

| 은수 | (기호 팔을 꽉 붙잡고 흔들며) 잘해! |
| 기호 | (아픔을 참아내며 고개를 끄덕인다.) |

기호는 교실로 들어서기 전 도연이 표정을 살핀다. 도연이 표정은 여전히 딱딱하게 굳어 있다.

| 은수 | (거칠게 뒤에서 기호를 밀면서 소리친다.) 선생님! 기호 데려왔어요! |

기호를 발견한 선생님 빠르게 기호에게 다가와 꼭 끌어 앉는다. 머리를 쓰다듬고 혹시 다친 곳은 없는지 여기저기 살핀다. 선생님 두 눈에 눈물이 돋아난다. 선생님은 다시 기호를 꼭 끌어안는다.

| 선생님 | 고맙다, 고맙다! (목소리 떨린다.) |

은수가 기호 등을 콕콕 찌른다. 기호 표정이 구겨진다. 기호는 꺼이꺼이 울음을 터트린다.

| 은수 | (당황한 표정으로 급하게) 선생님, 기호는 도연이하고 다투고 도망친 거래요. (재빨리 주변을 둘러본다.) 그치? 내 말 맞지? (고개를 먼저 끄덕인다.) |
|---|---|
| 기호 | (은수를 따라 아무렇게나 고개를 끄덕인다.) |

반 애들은 조용하다. 도연이도 고개를 숙인 채 아무 말이 없다. 아무 눈치를 못 챈 선생님은 평상시처럼 수업을 시작한다.

무대 어두워진 후 서서히 다시 밝아진다.

기호는 현관문을 벌컥 열고 신발장 위에 놓인 핸드폰을 든다. 핸드폰을 확인하던 기호 몸이 부들부들 떨린다.

| 기호 | (핸드폰 화면을 보면서 화난 말투로) 미안? (어처구니없다는 표정으로) 입만 열면 거짓말만 하는 거짓말쟁이 주제에. 흥! (가방을 아무렇게나 집어 던진다.) |
|---|---|

기호, 핸드폰을 든 채 순식간에 몸이 얼어붙는다.

| 기호 | (실망한 표정으로 길게 한숨을 내쉰다.) 휴……. |
|---|---|

기호, 고민에 빠진다. 망설임 끝에 혼잣말을 하면서 문자를 쓴다.

| 기호 | (독백) 이왕 거짓말쟁이가 된 거, 골탕 먹이면 어때? 거짓말쟁이한 테는 거짓말이 딱이잖아. (문자를 쓰고 지우길 반복한다.) |

기호는 써 놓은 문자를 한동안 바라본다.
이를 앙다물고서 전송 버튼을 누른다. 곧바로 문자 알림 소리가 울린다.

| 기호 | (목소리가 한껏 올라간다.) 미안? (잠시 말을 멈춘다.) 안 속아. 은수 너, 또 거짓말한 줄 다 알아. 그런데 이상하네. (고개를 갸웃거린다.) 거짓인 걸 뻔히 아는데도 내 마음이 자꾸만 약해지는 건 왜지? (표 정이 심각해진다.) |

기호, 두 눈을 감고 생각에 잠긴다. 무언가를 다짐한 표정으로 변한다.

| 기호 | (독백) 도연이는 당당했잖아. 아무래도 도연이한테 사과 문자를 보 내야겠어. (고개를 저으며) 혹시 화가 안 풀려서 답장을 안 보내면 어떡하지? 그래도 내가 잘못했고 부끄러운 행동을 했으니까. 사과 문자를 보내는 게 좋겠어. |
| 선생님 | (목소리만) 화해의 과정은 아주 소중하단다. 화해가 너희를 성장시 키거든. 친구에게 상처를 주었으면 꼭 사과해야 해. |

기호, 굳은 표정으로 도연에게 문자를 써서 보낸다. 곧이어 문자 알림 소리가 울린 다. 기호는 핸드폰을 들고 한참을 바라본다.

| 기호 | (독백) 오늘 내가 용기를 냈더라면, 도연이가 누명을 쓰지 않았을 텐데. (괴로운 표정으로) 도연이는 나를 걱정해 주고 힘을 줬는데. (후회가 가득한 표정으로) 내가 잘못했어. 맞아! 그거야. (얼굴에 잠 |

간 미소가 피어난다.) 선생님께 오늘 일을 사실대로 알리는 거야. 이게 도연이한테 용서받을 수 있는 방법일 거야. (서서히 표정이 밝아진다.)

기호는 핸드폰을 열고 열심히 문자를 쓰기 시작한다.

무대 서서히 어두워지고 막이 내린다.

〈끝.〉

# 사랑 공주의 이름 [32]

장소      **학원 버스 안, 교실, 병원 응급실, 병실**

시간      **수업 시간, 방과 후, 병원 입원 중**

등장인물   **미미, 라희, 민서, 주리, 경은, 라희 엄마, 선생님**


### 1막


학원이 끝난 뒤 라희는 학원 버스 의자에 앉아 있다. 미미와 함께 어울려 다니는 무리가 버스에 오른다. 라희 재빨리 고개를 창 쪽으로 돌린다.


미미          (버스에 오르면서 손을 들어) 라희야, 안녕.

라희          (고개를 창문 쪽으로 돌린 채 가만히 앉아 있다.)

미미          (라희를 지나쳐 언제나처럼 무리 지어 뒤쪽으로 간다.)


털썩 소리를 듣고 놀란 라희, 옆자리로 고개를 돌린다.

---

**32**   배다인(2020), 『위의 책』 수록작, 소년한길.

| 민서 | (라희를 바라보며) 나, 여기 앉아도 되지? |
|------|-----------------------------------|
| 라희 | (당황한 표정으로 고개를 끄덕인다.) |

라희와 민서, 나란히 앉은 채 버스가 출발한다. 라희는 바르르 몸을 떤다. 민서는 아무 말 없이 앞쪽만 바라본다. 라희는 고개를 돌려 뒤쪽을 살핀다. 뒤쪽에 앉아 있던 경은, 주리, 미미는 막대 사탕을 입에 물고 자기들끼리 소곤대고 있다.

| 라희 | (고개를 갸웃거리며, 방백) 민서가 왜 여기에 앉았지? 나하고 친해지고 싶은가? (곁눈질로 민서를 살핀다.) 민서하고 친해지면 좋을 것 같아. 매일 혼자 앉아 다녔는데. 같이 어울려 떠들다 보면 스트레스도 확 풀리겠지? 잘된 거지? |
|------|-----|
| 민서 | (생글생글 웃는 얼굴로 손을 라희 손 위에 올리면서) 있잖아, (잠시 말을 멈춘다.) 내일 3교시에 우리 같이 수업 빼먹을래? (라희를 바라본다.) |
| 라희 | (깜짝 놀라며) 왜? |
| 민서 | (진절머리를 내며) 요즘 난 수학 시간만 되면 머리가 아파! 너는 수학이 식은 죽 먹기라 잘 모르겠지만. |
| 라희 | 아냐, 나도 따분하기는 해. |
| 민서 | (반기며) 그래? 그럼 딱이네. (활짝 웃는 얼굴로 손뼉을 치고 라희에게 손바닥을 내민다.) |

라희와 민서, 손바닥을 맞부딪친다. 라희는 민서를 따라 웃는다.

| 민서 | (다정한 표정으로) 우리 내일 아프다는 핑계 대고 보건실에서 놀자. 같이 휴대폰으로 동영상도 보게. 너 우리 BXS 오빠들 동영상 아직 못 봤지? |
|------|-----|

| 라희 | 그렇긴 한데……. (점점 걱정이 가득한 표정으로 변한다.) |
|---|---|
| 민서 | (라희에게 활짝 웃어 보인다.) |
| 라희 | (불안해하며, 방백) 어떡하지? 거짓말까지 하고서 수업을 빼먹고 싶지 않은데. 지난번에 선생님이 내 수업 태도 좋다고 칭찬까지 했잖아. 그리고 만약에 우리 엄마가 내가 보건실에 간 것을 알게 되면 큰일 날 텐데. 아무래도 안 되겠어. 거절을 해야겠는데 어떻게 말하지? (표정이 굳는다.) |
| 민서 | 약속한 거다. 모범생인 너와도 맘이 잘 통하니 좋다! (다시 손을 들어보인다.) |
| 라희 | (깜짝 놀라며 독백) 내가 무슨 약속을 한 거야? (고개를 숙이고서 생각에 잠긴다.) |
| 민서 | (막대 사탕을 라희에게 내밀며) 이거 먹어. (목소리 딱딱하게 변해져서) 모범생이라 사탕 안 먹는 건 아니지? 그리고 나랑 한 약속도 잊지 마! (벌떡 자리에서 일어난다.) |
| 라희 | (멍하니 막대 사탕을 손에 들고 있다.) |

버스가 멈추자 민서가 서둘러 버스에서 내린다.

| 라희 | (잠에서 깨어난 듯 화들짝 놀라 눈이 휘둥그레진다. 버스가 출발하자 멍해진 얼굴로 고개를 돌려 뒤쪽을 살핀다.) |
|---|---|
| 뒤쪽 아이들 | (고개를 숙이고서 시시덕거린다.) |
| 라희 | (자리에서 일어난다. 버스가 멈추자 쫓기듯 내린다.) |

버스는 빠르게 사라진다.

| 라희 | (주변을 살핀다. 전화기를 꺼내 들고 전화를 건다.) 엄마, 나 내일 학교 준비물 사서 갈 거니까 조금 늦을 거야. (재빨리 전화를 끊고 손에 들린 막대 사탕을 화풀이하듯 땅바닥에 던진다. 두려운 얼굴로 주변을 살피더니 무작정 뛰기 시작한다.) |
|---|---|

달리고 있는 라희 머릿속에 며칠 전 일이 떠오른다.
무대 어두워졌다가 다시 밝아지고, 배경은 교실로 바뀐다.

| 미미 | (막대 사탕을 내밀며) 라희야, 이거 먹을래? |
|---|---|
| 라희 | (앞쪽만 바라본 채 대꾸하지 않는다.) |
| 미미 | (막대 사탕을 라희 눈앞으로 올려 보이며) 이거 엄청 맛있어. |
| 라희 | (버럭 화를 내며 소리친다.) 싫어! 싫다니까 왜 자꾸 그래. |

라희도 자신의 소리에 놀라 주변을 살핀다. 반 아이들 시선이 라희에게 쏠려 있다.

| 라희 | (책상에 엎드려 버린다.) |
|---|---|
| 미미 | (혼잣말로) 미안해. 맛있는 거라 준 건데. (아쉬운 표정을 짓는다.) |

서서히 무대 어두워지고 막이 내린다.

## 2막

수업 시간. 민서가 아픈 표정을 짓는다. 선생님이 먼저 발견하고 걱정 가득한 표정으로 민서에게 다가간다.

| 선생님 | (민서를 살피며) 민서야, 괜찮니? |
|---|---|
| 민서 | (인상을 쓴 채 고개를 좌우로 흔든다.) |
| 선생님 | (민서 짝꿍을 바라보며) 주리야, 민서 좀 보건실에 데려다주고 올래? |
| 미미 | (겁에 질린 목소리로) 어떡해, 어떡해! 민서, 어떡해! (안절부절못한다.) |

교실 안 아이들 술렁대기 시작한다.

| 경은 | (손을 번쩍 들고 자리에서 일어서며) 선생님, 주리 혼자 부축 못 할 것 같으니 저도 같이 갈게요. |
|---|---|
| 선생님 | (냉랭한 목소리로) 경은이는 됐어요. 자리에 앉으세요. |
| 경은 | (아쉬운 표정으로 자리에 앉으며) 나도 같이 가야 하는데……. |

주리가 자리에서 나와 민서 옆으로 다가간다. 민서와 팔짱을 낀다. 민서는 힘든 표정으로 자리에서 일어난다.

| 미미 | (민서를 가리키며) 민서 얼굴이 샛노래졌어! |
|---|---|

선생님과 등지고 선 민서 입꼬리가 짧게 올라갔다 내려온다. 라희는 깜짝 놀란다. 라희는 불안한 표정으로 안절부절못한다. 다시 수업이 시작된다. 보건실에 갔던 주리가 교실로 들어선다. 라희는 주리를 보고서 불안해한다.

| 라희 | (방백) 어떻게 선생님께 거짓말을 하지? (배를 손으로 움켜잡는다.) |
|---|---|
| 미미 | (아주 작은 목소리로) 뭐 해? |
| 라희 | (반응하지 않는다.) |

| 미미 | (손가락으로 라희 옆구리를 찌른다.) |
|---|---|
| 라희 | (못마땅한 표정으로 흘겨본다.) |
| 미미 | (책상 위로 눈길을 보낸다.) |
| 라희 | (당황하며 곁눈질로 미미의 교과서 페이지를 확인한다. 표정은 여전히 굳어 있다. 잠시 후 부들부들 몸을 떨기 시작한다.) |
| 미미 | (작은 목소리로) 왜 그래? 어디 아파? |
| 라희 | (화난 표정을 간신히 참아내며, 방백) 재밌지? 너희가 원했던 일이 잖아? |

라희는 가슴이 콱 막히는 것을 느끼고 머리가 어지러움을 느낀다. 수업 끝을 알리는 음악 소리가 난다. 반 아이들 좋아하며 떠들썩해진다. 라희는 책상에 풀썩 엎드린다. 라희 두 눈에서 눈물이 흘러내린다. 들키지 않으려는 듯 조심히 눈물을 닦아낸다.

수업 시작을 알리는 음악 소리가 울린다. 보건실 이야기가 애들 사이에서 튀어나온다. 반 아이 중 누군가 선생님께 민서는 아직도 아프다고 말한다. 4교시 수업 중에 민서가 교실로 되돌아온다. 라희 표정은 딱딱하게 굳어 간다.

| 미미 | (라희를 바라보며 소곤대는 목소리로) 아프니? 왜 그래? |
|---|---|
| 라희 | (불편한 속마음을 숨긴 채 작은 목소리로) 아냐, 괜찮아. |

수업 시간 내내 라희는 불편한 표정이다. 라희 짝꿍 미미는 계속 라희를 살핀다.

무대 서서히 어두워지고 다시 밝아진다.

급식실에서 민서는 밝은 목소리로 크게 말을 한다. 라희는 허겁지겁 급식을 먹고 쫓기는 사람처럼 급식실에서 빠져나온다. 혼자 운동장 가에 있는 미끄럼틀로 간다. 뜨거운 햇볕 때문에 땀이 솟는다. 5교시 시작을 알리는 음악 소리를 듣고 허겁지겁 교실로 뛰어간다. 선생님은 아무 말 하지 않고 수업을 계속 이어간다. 라희는 가만가만 까치발을 들고서 자리에 가 앉는다.

미미         어디 갔었어? (관심을 갖고 대답을 기다린다.)

라희         (못 들은 척 태연하게 자리에 앉아 선생님을 바라본다.)

수업을 듣는 라희는 힘이 든다. 머리가 어지럽고 가슴이 갑갑한 걸 느낀다. 시원한 콜라를 떠올린다. 손에는 땀이 축축해진다. 연필을 놓고 땀을 옷에 닦는다. 라희를 지켜보던 짝꿍 미미가 한 손을 들고 큰 소리로 말한다.

미미         선생님, 라희가 이상해요!

라희         (화들짝 놀라며 미미에게 눈길을 돌린다.)

미미         (라희 팔을 잡고서) 라희야, 어디 아파?

선생님은 빠른 걸음으로 라희 곁으로 다가온다. 라희 책상 앞에서 키를 낮추고서 라희 얼굴을 살펴본다.

선생님      (걱정 가득한 표정과 말투로) 라희야, 선생님 눈을 똑바로 봐 봐.

라희         (말도 못 한 채 얼굴을 찌푸린다.)

선생님      (다급한 말투로) 미미야, 빨리 보건 선생님 좀 모셔 오렴. (라희의 상태를 살핀다.)

웅성웅성 교실 안이 소란스러워진다.

민서         (아이들이 떠드는 소리보다 또렷하고 큰 목소리로) 우아, 진짜 같아!

라희, 민서의 소리를 듣고 나자 몸에서 기운이 빠져나가는 걸 느낀다.
효과음이 들리고 무대 어두워지면서 막이 내린다.


## 3막

막이 오르면 장소는 병실로 바뀌어 있다.


| | |
|---|---|
| 라희 | (병원 침대에서 눈을 번쩍 뜨고서 주변을 살핀다.) |
| 라희 엄마 | (깨어난 라희를 발견하고서 울먹이며) 라희야, 정신이 드니? 엄마야! |
| 라희 | (주변을 살피며) 엄마, 여긴 어디야? |
| 라희 엄마 | 응급실이야. 네가 급체 했었나 봐. 너희 선생님도 엄청 놀라셨는데. 속이 불편하면 선생님께 말하고 보건실에 가지 그랬니? |
| 라희 | (무언가를 떠올리며 고개를 흔든다.) |
| 라희 엄마 | (라희를 지켜보고 있다가) 라희야, 왜 그래? (잠시 말을 멈춘다.) 어디가 아픈 거야? (걱정 가득한 눈빛으로 라희를 살핀다.) |


라희는 엄마의 관심이 부담스럽고 귀찮다고 느낀다. 특히 짝꿍 미미도 엄마를 닮았다고 생각한다. 둘 다 관심이 많은데 관심 때문에 숨이 막힐 것 같다. 이런 라희의 마음을 전혀 모르는 엄마는 이것저것 꼬치꼬치 캐묻는다. 라희가 집에 가자고 조르지만 엄마는 입원해서 검사를 해야 한다고 우긴다. 결국 라희는 입원을 한다.


무대 어두워졌다가 밝아진다.


다음 날, 선생님과 민서, 짝꿍 미미와 서너 명이 병실 안으로 들어온다. 라희 엄마는 선생님과 친구들을 맞이한 후 라희에 대해 이것저것 설명을 해 준다.

| 미미 | (가장 먼저 라희에게 가까이 다가가 라희 손을 잡으며) 라희야, 언제 쯤 학교에 올 수 있어? |
|---|---|
| 라희 | (귀찮아하는 표정으로) 몰라, 우리 엄마가 알겠지. |
| 민서 | (미미 뒤에 서서 라희를 의심 가득한 눈빛으로 바라보며) 너, 진짜 아 픈 거지? (입가에 비웃음이 피어오른다.) |
| 라희 | (두 눈을 꼭 감아 버린다. 하지만 두근두근 심장이 뛰는 것을 느끼며 불편해한다.) |
| 선생님 | (라희를 지켜본 후) 애들아, 인제 그만 가자. 라희가 아직도 많이 힘 든가 봐. 라희야, 내일 다시 올게. |

선생님은 애들을 데리고 병실 밖으로 나간다. 라희 엄마도 배웅하러 뒤따른다. 혼자 병실에 남겨진 라희는 씩씩댄다. 갑자기 병실 문이 벌컥 열린다.

| 민서 | (병실 안으로 들어서며 거칠고 험악하게 소리친다.) 너, 진짜 완벽하다! 모범생은 무슨 모범생, 인제 보니 넌 관심을 못 받아 안달이 난 관종이었네. (비웃음을 짓고 잠시 멈춤) 미미한테 그렇게 관심받고 싶었니? (라희를 흘겨본다.) 그렇지만 미미는 너한테 눈곱만큼도 관심이 없어! |
|---|---|
| 라희 | (괴로운 표정으로 눈을 꼭 감는다.) |
| 민서 | 흥! (거칠게 병실 문을 닫는다.) |

문이 부서질 듯 "쾅" 하는 소리에 놀라 라희 눈을 뜬다. 라희 눈에서 왈칵 눈물이 쏟아진다. 뒤늦게 병실로 들어온 엄마가 놀라 라희에게 다가간다.

| 라희 엄마 | (놀란 목소리로 라희를 살피며) 라희야, 왜 그래? 어디 아픈 거야? |
|---|---|
| 라희 | (입을 꼭 다문 채 몸을 부들부들 떤다. 고개를 저으며 괴로워한다.) |

| 라희 엄마 | (겁에 질린 목소리로) 라희야, 어디가 아픈 거야? 응? 엄마에게 말해. |
|---|---|
| 라희 | (말은 하지 않고 손으로 몸 이곳저곳을 가리킨다.) |

엄마 표정이 하얗게 변한다. 라희 눈에서 눈물이 펑펑 쏟아진다.
음악이 흐르고 무대가 어두워졌다가 밝아진다.


다음 날 병실. 엄마가 병실 침대 시트를 바꾸는데 시트 밑에서 작은 카드가 나온다.
엄마가 먼저 카드를 읽고 라희에게 건네준다.


| 미미 | (목소리만 음향을 통해 들린다.) |
|---|---|
| | 내 친구 라희야! |
| | 네가 빨리 나아서 학교에 오면 좋겠어. |
| | 나를 싫어하는 것 같아서 여태 말을 못 했는데 나는 너하고 친해지고 싶어. |
| | 이런 내 마음을 말하기 쑥스러워서 사탕을 주려고 계속 가져왔던 거야. |
| | 하지만 네가 안 받으니까 민서한테 사탕을 대신 전해 달라고 부탁했었어. |
| | 혹시, 내가 준 사탕을 먹어서 아픈 건 아니지? |
| | 네가 학교에 다시 오기를 기다리고 있으니 빨리 나아. |
| | 짝꿍 미미가. |
| | |
| 라희 | (고개를 갸웃거리며, 방백) 혹시 민서가 질투를? (얼굴이 편안해지며 미미가 보낸 편지를 몇 번이나 다시 읽는다. 라희 표정이 점점 밝아진다.) |

라희, 침대에서 일어나 창가로 향한다. 엄마는 불안한 표정으로 라희를 지켜본다. 창밖을 바라보던 라희가 혼잣말을 한다.

| | |
|---|---|
| **라희** | (창밖을 내다보며 작은 소리로) 미미야, 나도 좋아! 이제 짝꿍이라고 안 부르고 네 이름을 부를게. (뒤를 돌아 엄마를 바라본다.) |
| **라희 엄마** | (라희에게 다가가 꼭 껴안아 준다.) |

라희 얼굴에 웃음이 피어오른다.
밝은 음악이 흘러나오고 막이 내려온다.

〈끝.〉

# 가짜 산타[33]

| | |
|---|---|
| 장소 | **교실 안, 음악실** |
| 시간 | **여름 방학 끝나고 개학날, 그 이후** |
| 등장인물 | **수현, 유미, 아라, 시연, 희지, 지민** |

### 1막

여름 방학이 끝나고 개학 첫날 아침.

수현, 교실로 들어선다. 친한 친구 유미와 눈길이 마주친다. 수현이 반가운 표정으로 바라보지만 유미가 고개를 홱 돌린다. 수현이 유미 곁으로 가까이 다가간다.

| | |
|---|---|
| 수현 | (반가운 목소리로) 유미야, 안녕! |
| 유미 | (수현이 말을 못 들은 척 다른 쪽으로 가 버린다.) |
| 수현 | (어색한 표정을 지으며 유미를 부르지도 못하고 가만히 서 있다.) |

수현은 자기 자리에 앉아 생각에 잠긴다. 눈길은 유미 쪽으로 향한다. 유미는 다른

**33** 배다인(2020), 『위의 책』 수록작, 소년한길.

아이들과 즐거운 표정으로 이야기를 나눈다.

수현  (골똘히 생각에 잠겨, 방백) 혹시, 우리 가족이 해외여행 다녀오는 동안 무슨 일이 있었나? (고개를 갸웃거린다.) 2주일이나 연락이 안 돼서 화났을까? (서운한 표정으로) 하지만 외국은 우리나라하고 시간도 다르고, 와이파이도 안 돼서 제때 연락을 못한 건데. 치!

유미는 온종일 수현을 피해 다닌다. 수현이 일부러 가까이 다가가도 눈길조차 마주하지 않는다. 학교 수업이 끝나자 수현이 유미 곁으로 다가간다.

수현  (유미를 막아선 채) 유미야, 왜 그래? 무슨 일이야? (애써 미소를 짓는다.)

유미  (재빨리 등을 돌린 채 꿈쩍도 하지 않는다.)

주변 친구들  (일제히 수현을 날카롭게 쎄려본다.)

수현  (힘없이 자리에 주저앉는다.)

주변 친구들  (힐끗힐끗 돌아보며 목소리를 낮추며) 쟤, 진짜 웃긴다. 그치? (웃음소리 길게 이어진다.)

온종일 유미와 붙어 다니던 아이들이 수군거리며 교실 밖으로 나간다.

수현  (부들부들 몸을 떨며, 방백) 뭐야? 내가 그동안 얼마나 잘해 줬는데. (얼굴에 분노가 피어오른다.)

남아 있던 반 애들은 수현이를 신경쓰지 않고 교실 밖으로 나간다. 지민이 제일 늦게 나가면서 수현이를 바라본다. 이제 교실에는 수현이 혼자만 있다.

| | |
|---|---|
| **수현** | (일어서며, 방백) 며칠만 참으면 다시 예전으로 돌아갈 거야. 유미랑은 한 학기 내내 마음이 잘 맞았잖아. 시간이 지나면 금세 괜찮아지겠지. (교실을 나가는 수현의 표정이 어둡다.) |

며칠째 유미는 수현을 외면한다. 수현은 자신의 판단이 잘못됐다는 것을 뒤늦게 깨닫는다. 유미는 1학기 때와 다르게 수현의 짝꿍 희지와 단짝이 되고, 아라, 시연과 가깝게 지낸다. 넷이서 떼구름처럼 몰려다니고 춤도 추고 노래도 부른다. 수현은 유미와 멀어진 뒤 유미의 행동이 유별나다는 것을 느낀다. 유미가 희지, 아라, 시연이를 마치 시녀처럼 부리는 게 눈에 거슬린다.

어젯밤에는 수현 꿈에 유미가 나타났다. 괴로움을 느낀 수현은 학교에 가기 싫어진다. 수현, 교실에 들어섰을 때 다행히 유미가 보이지 않는다. 다행이라 생각하며 읽을 책을 들고 자리로 간다. 수현이 태연한 척 책을 읽고 있는데, 짝꿍 희지 목소리가 들린다.

| | |
|---|---|
| **희지** | 아라야, 시연아! (큰 소리로 외치며 교실 안으로 뛰어 들어온다.) |
| **수현** | (고개를 숙이고 책을 읽는 척한다. 귀는 쫑긋 세우고서 출입문 쪽을 신경 쓴다.) |
| **아라, 시연** | (자리에서 요란하게 일어나며 출입문 쪽으로 향하면서) 유미야, 왜? (뒤늦게 의자 넘어지는 소리가 요란하게 들린다.) |
| **수현** | (고개를 책상 위에 펼쳐놓은 책으로 더 가까이 숙이며, 방백) 시녀가 따로 없네. (소리 나지 않게 콧방귀를 뀐다.) |
| **유미** | (딱딱한 목소리로 크게) 내가 누구지? |
| **아라** | (교실 안에 쩌렁쩌렁 울리게) 천사! |
| **시연** | (아라 목소리보다 더 크게) 맞아, 맞아! 유미 넌 천사잖아! |
| **유미** | (카랑카랑한 목소리로) 그게 아냐! |

(잠시 말을 멈춘다.) 이번 한 번만 알려 줄 테니까 잘 들어.

유미는 한참 동안 말을 하지 않는다. 궁금해진 수현은 유미 쪽으로 눈길을 돌린다. 반 애들도 모두 유미 쪽을 바라보고 있다.

| | |
|---|---|
| 유미 | (흡족한 미소로 교실 안을 둘러보며 천천히 또렷하게 발음한다.) 이, 제, 부, 터, 난, 산, 타, 야. |
| 시연 | (놀란 얼굴로 두 눈이 동그래지며) 왜? 어제까지 천사였잖아? |
| 유미 | 천사는 따분해서 이젠 그만할 거야. 생각해 보니 산타가 더 재미있을 것 같아. (잠시 말을 멈춘 후 쩌렁쩌렁 큰 소리로) 이제부터는 산타 놀이 할 거니까 나를 산타라고 불러 줘. |
| 아라 | (놀란 표정으로) 뭐어? 산타? (말끝이 올라간다.) |
| 유미 | 왜? 불만이야? (눈을 부릅뜨고 노려본다.) 이제부터 난 착한 애들에게만 선물을 주는 산타를 할 거야. (잠시 말을 멈추고 주변 아이들을 둘러본 뒤) 자, 이제 말해 봐. 내가 누구라고? (거만한 표정과 눈길로 교실을 둘러본다.) |
| 희지 | 유미는 산타야. 오늘부터 산타 한대. 그러니 너희들도 산타라고 불러야 해. (주변을 둘러보며 말한다.) |
| 아라, 시연 | (놀란 표정으로 서로 얼굴만 바라보고 있다.) |
| 유미 | (아라와 시연이를 못마땅한 표정으로 노려보며) 싫은 거야? (화가 난 목소리로) 아니면 멍청해서 벌써 까먹었니? |
| 시연 | (다급한 표정으로 손을 저어 가며) 아니, 유미 넌 이제부터 산타야! |
| 아라 | (시연이와 눈빛을 맞춘 후 고개를 끄덕이며) 마, 맞아. 유미는 산타야. 그치? |
| 수연 | (고개를 숙이고서, 방백) 쟤들 진짜 유치하게 노네. (헛구역질을 하며) 우웩! |

| 유미 | (강한 목소리로) 내가 누구라고? |
|---|---|
| 아라, 시연 | (목소리를 합하여) 산타! |
| 유미 | 소리가 작아. 더 크게! |
| 아라, 시연, 희지 | (입을 모아) 산타! 유미 너는 산타야. 이제부터 우리 모두 그렇게 부를게. (반 애들이 모두 들을 수 있도록 고개를 돌려 가며 말한다.) |
| 지민 | (잔뜩 인상을 쓴 채) 얘들아, 이제 그만 조용히 좀 해 줄래? (목소리에 힘이 있다.) |

유미, 아라, 시연, 희지, 뻘쭘해진 표정으로 서로의 눈치를 살핀다. 지민은 고개를 들고 태연하게 앉아 있다. 수현은 못마땅한 마음을 표현하지 못한 채 책을 읽는 척 앉아 있다.

| 수현 | (고개를 숙인 채, 방백) 흥! 유미 네가 산타면 난 산타 대왕이다! (유미 패거리를 흘깃 곁눈질로 흘겨 본 뒤) 귀신은 뭐 하는지 몰라? 쟤들 안 잡아 가고. |
|---|---|

수현이 자리에서 일어난다. 뒤따라 의자가 덜컹거리는 소리가 난다. 유미가 수현 쪽으로 고개를 돌린다. 수현과 유미 눈길이 마주친다.

| 유미 | (재빨리 고개를 돌린 후 명령하는 듯한 말투로) 야, 아라야, 수현이더러 자기 자리에 다시 앉으라고 해! |
|---|---|
| 수현 | (쿵쿵쿵 심장이 뛰는 것을 느낀다. 불안한 걸음걸이로 교실 밖으로 향한다.) |
| 아라 | (다급한 목소리로) 수현아, 너 거기 서! |
| 수현 | (화장실이 급하다는 몸짓을 해 보이며) 나 급해! (허둥지둥 교실을 빠져나간다.) |

수현은 화장실 안에서 쭈그리고 앉아 있다. 냄새나는 화장실이 끔찍하기는 하지만 유미 꼴을 보는 것보다는 훨씬 낫다고 생각한다.

수현        (화장실에 쭈그리고 앉아, 독백) 하느님, 부처님, 알라신님, 우주신님, 귀신님, 이름 모르는 신님! 부디 저런 애들을 혼 좀 내주세요. 네에?

수현이 계속해서 온갖 신들을 만들어 부른다.

수현        (독백) 옛이야기에서 들었던 빨간 볼펜으로 이름을 써서 저주를 걸까? 아냐, 혹시 엄마한테 들켰다가는 (고개를 좌우로 흔들며) 생각만 해도 끔찍해. 왕따 문제는 엄마가 무척 신경을 쓰잖아. 친구 문제에 엄마를 끌어들이고 싶은 생각은 없어.

무대가 어두워지고 막이 내린다.

## 2막

음악실 풍경. 음악 수업을 위해 반 아이들 음악실로 들어온다. 음악실로 들어선 수현은 출입문 앞에 멈추어 선다. 유미가 앉아 있는 쪽을 바라본다. 수현은 1학기 내내 유미 곁에 앉았다. 오늘도 유미 옆자리가 비어 있다.

유미와 수현의 눈길이 마주쳤다. 수현의 손이 올라가는데 유미는 고개를 돌려 버린다. 수현은 태연한 척 유미 자리에서 멀어진다. 교실 앞쪽으로 가서 자리에 앉는다.

| 수현 | (허리를 곧게 펴고서 아이들이 움직이는 소리를 귀로 확인하며, 방백) 어쩌면 1학기 때 음악 시간마다 혼자 앉았던 지민이처럼 나도 혼자 앉게 될지 모르겠네? (방학 전에 내준 숙제를 확인하는 척한다.) |

수현은 가까이 다가오는 발소리를 듣고 바짝 긴장한다.

| 유미 | (큰 목소리로) 오지민! |
| 지민 | (당당하게) 왜? |
| 수현 | (곁눈질로 주변을 살핀다.) |
| 유미 | (손을 들어 흔들며 부드러운 목소리로) 이리 와. 여기 와서 내 옆자리에 앉아! |
| 지민 | (당황한 듯 놀란 목소리로) 거기? |
| 유미 | (밝은 목소리로) 응! 앞으로 음악실에서 쭉 내 옆에 앉아! |
| 지민 | (크고 당당하게) 싫어! |
| 수현 | (깜짝 놀라 지민을 바라본다.) |
| 지민 | (수현이 곁으로 가까이 다가가며) 나, 여기 앉아도 되지? |
| 수현 | (머뭇거리며 고개를 가만가만 끄덕인다.) |
| 지민 | (수현이 옆자리에 앉는다.) |
| 수현 | (지민이를 바라보며, 방백) 나는 1학기 내내 유미한테 휩쓸렸는데 지민이는 다르네. (후회하는 표정으로 지민의 눈치를 살피며) 유미랑 지민이를 타박하기도 했는데. 내 옆자리에 이렇게 앉아 주니 고맙고 미안해. 어쩌면 지민이도 1학기 때 나처럼 힘들었을 텐데. 내가 먼저 무슨 말인가를 꺼내야 할 것 같아. |

지민과 수현, 말없이 잠깐 시간이 흐른다.

| 수현 | (가볍게 목소리를 가다듬고서) 지민아, 너 음악 숙제는 했어? |
|---|---|
| 지민 | (웃음을 지어 보이며) 제대로 못 했어. 몇 번 연습해 봤는데도 가사가 어려워서 잘 안 외워지네. |
| 수현 | (반가운 얼굴로) 그렇지? 나도 그래. (지민이를 마주 보며 환하게 웃는다.) |

지민이 무표정한 얼굴로 바라보자 수현의 얼굴에 미소가 사라진다.

| 유미 | (부드럽고 달콤한 말투로) 지민아, 이리 와. 여기 너에게 줄 선물도 있어! 난 산타잖아! |
|---|---|
| 수현 | (작은 목소리로) 지민아, 난 괜찮아. 가고 싶으면 가. |
| 지민 | (뒤쪽에 앉은 유미를 바라보며) 유미야, 난 네 선물 받고 싶지 않아. 그리고 난 1학기 내내 앉았던 여기 앞자리가 더 편하고 좋아. 그러니 그냥 여기에 앉을래. (다시 돌아 앉는다.) |

수현은 지민을 보고 깜짝 놀란 눈빛이다. 여태 유미 말을 안 듣는 애는 없었기에 점점 부러움이 가득한 눈빛으로 바라본다.

| 지민 | (민망한 표정으로) 왜 그래? 조금 전에 말했잖아. 난 여기가 좋아서 앉는 거라고. |
|---|---|

음악 수업이 시작된다.

| 수현 | (수업 중간중간 지민을 바라보며, 방백) 지민이는 내가 생각했던 것보다 훨씬 강하고 괜찮은데. 내가 가사를 틀려도 미소를 보내고. 고마워 지민아. (기쁘고 즐거운 표정으로 노래를 부른다.) |
|---|---|

효과음이 들리고 무대가 어두워지고 막이 내린다.

## 3막

시간이 지날수록 유미의 산타 놀이는 점점 더 심해진다. 자신은 산타라며 애들 물건을 제멋대로 가져가 아무에게나 선물이라고 나눠준다.

수현 　　　(못마땅한 표정으로 흘겨보며, 방백) 산타? 내 눈에는 산타가 아닌 나쁜 애야. (잠깐 인상을 찌푸린다.) 내 물건에는 전혀 손을 대지 않는 건 다행이야. 아마도 철저하게 나를 유령 취급하는 거겠지. (주변을 둘러본 뒤) 뭐야, 이제 시녀 닮은 애들까지 나를 외면하기 시작하잖아. (지민이를 바라보며) 지민이에게 유별나게 살살거리면서 곁으로 불러들이는 유미 속셈을 모르겠어. (곁눈질로 유미를 살핀다.)

따돌림이 길어지자 수현은 나약해진다. 차츰 비굴한 생각을 하곤 한다.

수현 　　　(유미 쪽으로 눈길을 보내며, 방백) 유미가 다시 불러주면 좋겠는데. (한참 시간이 흐른 뒤) 나도 유미 시녀처럼 할까? (화들짝 놀라며 고개를 살래살래 흔든다.)

어젯밤 꿈에 수현은 유미 앞에서 무릎을 꿇고 싹싹 빌었다. 꿈 때문에 수현은 아침부터 표정이 어둡다.

점심시간에 유미는 수현이 가까이에 있는 아이들을 불러 식당으로 몰려간다. 수현은 혼자서 점심을 먹고 교실로 돌아온다. 이제 수현이와 눈도 마주치는 아이가 없다.

| | |
|---|---|
| 수현 | (시끌벅적 애들 소리가 들리자 재빨리 책을 읽는 척한다.) |
| 지민 | (수현에게 다가가 책을 읽고 있는 수현 등에 손을 얹으며) 무슨 책 읽어? |
| 수현 | (대답 대신 고개를 들어 지민을 바라본다. 눈물이 돈다.) |
| 지민 | (수현의 눈길을 피하며) 힘내! |
| 수현 | (아무 대꾸도 못 한 채 몸을 떤다.) |
| 유미 | (교실 안으로 들어서며 날카로운 목소리로) 지민아, 너 거기서 뭐 해? |
| 지민 | (태연한 목소리로) 수현이가 책 읽고 있어서 무슨 책을 읽는지 물어봤어. |
| 유미 | (수현과 지민에게 가까이 다가와서) 치! 수현이 넌, 원래 책 읽기 싫어하잖아. 지민이가 진짜 책 읽는 거 좋아하지. (책상 위에 놓인 수현이 책을 집어 들면서) 그러니까 이건 너 가져. 산타 선물이야. (지민에게 책을 건넨다.) |
| 수현 | (아무런 대꾸도 못 한 채 고개를 숙이고 앉아 있다.) |
| 지민 | (유미를 향해) 이걸 왜 나한테 주는 거야? |
| 유미 | 산타 선물이야. 난 산타잖아. (씩 웃어 보인다.) |
| 지민 | (잠시 생각에 잠기더니 덥석 책을 받아든다.) |
| 유미 | (환하게 웃으며 좋아한다.) |
| 수현 | (깊은 절망에 빠진 표정으로 변한다.) |
| 지민 | (당당하고 또렷한 목소리로) 유미야, 잘 들어. (잠시 말을 멈춘다.) 넌 산타가 아니야. 가짜 산타 행세 같은 유치한 행동은 이제 그만했으면 해. 계속 이런 행동을 하면 보고만 있지 않을 거야. 그리고 난 산타는 아니지만, 이 책을 수현이에게 돌려줄래. 이건 원래 수현이 |

거였으니까. (지민은 수현의 책상 위에 책을 내려놓는다.)

유미 　　　　(불쾌한 목소리로) 그건 산타에게 받은 선물이니까 네 맘대로 해.
　　　　　　(홱 토라져 자기 자리로 돌아간다.)

지민 　　　　(말없이 수현 등에 손을 얹고 가만가만 토닥여 준다.)

수현 　　　　(주르륵 눈물을 흘린다.)


지민, 휴지를 가져와 말없이 수현에게 내민다. 수현이 손을 내밀자 지민이 수현이 손을 꼭 잡아 준다.


수현 　　　　(지민이와 손을 잡고서, 방백) 내게 진짜 산타가 온 게 분명해. 나도
　　　　　　지민이에게 이랬어야 했는데. 미안해!

지민 　　　　(말없이 수현이 등을 토닥여 준다.)

수현 　　　　(가만히 눈을 감은 채, 방백) 내가 바보였어. 나도 지민이가 혼자서
　　　　　　힘들어할 때 이랬어야 했는데. 매일 친하게 안 놀아 줘도 가끔 한
　　　　　　번씩 편을 들어 줬더라면 훨씬 더 견딜 힘이 생겼을 텐데. 미안해,
　　　　　　지민아. 난 바보였어.


수현은 지민에게 커다란 힘을 얻고 유미에게 절대로 굴복하지 않겠다고 다짐한다.
그동안 스스로 용기를 버렸다는 걸 깨닫고서 용기를 되찾기 위해 이를 앙다문다.
　학교 수업이 끝나고 종례를 마친 선생님이 교실을 빠져나간다. 교실 안은 금세 소
란스러워진다.


수현 　　　　(두 눈을 꾹 감고서) 지민아, 나 이 책 다 읽었는데 너도 읽을래?
　　　　　　(책을 들고 있는 손이 바들바들 떨린다.)

지민 　　　　(큰 목소리로) 진짜? 그 책 나한테 빌려줄 거야? (반가운 표정으로
　　　　　　수현에게 다가간다.)

교실 안이 갑자기 조용해진다. 반 아이들 모두 수현과 지민을 바라본다. 유미 표정은 심하게 구겨진다.

| | |
|---|---|
| **유미** | (못마땅한 표정을 지으며) 흥! 얘들아, 가자! (말끝이 흔들린다.) |
| **수현** | (입을 꾹 다물고서, 방백) 흥, 너희들 가거나 말거나. 나도 관심 없어! |
| **지민** | (수현을 보며 미소를 짓더니 곧바로 고개를 끄덕인다.) |
| **수현** | (지민을 바라보며, 방백) 나도 이젠 힘이 있어. 유미 같은 애들한테는 어떻게 행동해야 하는지도 알게 됐어. 만약 다른 애들도 안 놀아 주면 책을 읽으면서 책 속 인물들을 만나면 돼. 이제 걱정도 안 해. (얼굴에서 강한 힘이 느껴진다.) |

수현은 지민이에게 건넨 책 속에 미리 쪽지를 써 놓았다. 지민이가 읽고 어떻게 나올지 궁금하다. 하지만 지민이가 답장을 보내지 않더라도 슬퍼하지 않을 거라 다짐한다. 또 절대로 유미 같은 애들에게는 굴복하지 않을 거라며 손을 불끈 쥔다. 수현이 얼굴에 미소가 피어오른다.

무대 어두워지고 막이 내려온다.

〈끝.〉

# 뽐내지 마 (일부)[34]

| 장소 | **할아버지 방** |
|---|---|
| 시간 | **저녁** |
| 등장인물 | **증조할아버지, 나** |

 

우리 집 가훈은 정직, 절약이다. 축구화를 사달라고 했지만 엄마는 절약을 핑계 대고 안 사 줬다. 할아버지가 준 용돈으로 아이스크림을 사 먹었는데 엄마한테 걸렸다. 특히 할아버지가 용돈을 아껴 엄마 몰래 사 준 피규어까지 들켜 할아버지 방으로 도망을 쳤다. 화난 엄마를 피해 할아버지 방에 갇혀 있으려니 억울하고 화가 치밀어 올랐다.

나는 속상한 마음을 숨기지 못하고 할아버지 베개를 집어 들었다.

 

나 　　　　　　(들고 있는 베개를 던지며) 치! 나쁜 엄마!

 

베개가 휙 날아가더니 "와장창" 소리가 난다. 곧이어 할아버지가 애지중지 아끼던 액자가 툭 떨어지고 유리가 깨진다.

---

**34**　　배다인(2020), 『위의 책』 수록작, 소년한길.

| | |
|---|---|
| 나 | (화들짝 놀라 문 밖에 귀를 쫑긋 세운다. 다행히 엄마 소리는 안 들린다. 휴 하고 안도의 한숨을 내쉰다.) |

액자 속 사람이 움직인다. 낡은 초상화가 사람으로 변하더니 투덜거린다.

| | |
|---|---|
| 증조할아버지 | 잘한다, 잘해! 가만히 자고 있는 사람을 왜 깨웠냐? |
| 나 | (너무 놀라 말도 못 하고 얼어붙은 것처럼 뻣뻣해져 있다.) |
| 증조할아버지 | 내가 지금 외국어로 말하고 있는 것도 아닌데, 왜 어른이 묻는 말에 답을 안 해? (표정이 험악하게 굳어진다. 내 곁으로 다가오더니 주먹으로 머리를 쥐어박는다.) |
| 나 | (눈물을 찔끔 흘리며) 왜 때려요? (버럭 화를 내며 소리친다.) |
| 증조할아버지 | 오호, 말을 못 하는 것은 아니구나. 난 또 제 맘도 표현 못하는 못난이인가 했다. (나를 여기저기 살펴본다.) |
| 나 | 할아버지는 누군데 다짜고짜 때리고 그러세요? |
| 증조할아버지 | (황당하다는 표정으로) 나를 몰라? 네 할아비가 수도 없이 말하던데. 난 네 할아비의 아비잖아. 그러니까 네 증조할아버지. |
| 나 | (의심의 눈빛으로) 말도 안 돼. 이건 아니라고요. |
| 증조할아버지 | 도대체 뭐가 아니라는 거야. 이 녀석 헛소리하는 게 꼭 일본놈하고 닮았네. |
| 나 | 네? 일본놈이라니요? |

나는 정신을 차릴 수가 없어 잠시 눈치를 살핀다. 번뜩 할아버지가 잔소리처럼 늘어놓던 말이 떠오른다.

| | |
|---|---|
| 할아버지 | (음성만) 호랑이한테 물려가도 정신만 차리면 된다. |
| 나 | (주변을 살피며 방백) 그래, 정신만 똑바로 차리면 된댔어. (방을 빠 |

|  |  |
|---|---|
|  | 져나가려다 엄마가 떠올라 이러지도 저러지도 못한 채 증조할아버지 눈치를 살핀다.) |
| 증조할아버지 | (훈계하는 말투로) 내가 잔소리는 안 하려고 했는데 엄마 말 좀 잘 듣지 그러냐. 정직과 절약이 얼마나 중요한데. |
| 나 | (화난 표정으로 손사래를 치며) 모르는 소리 마세요! 할아버지는 우리 엄마를 잘 모르잖아요. |
| 증조할아버지 | 너 지금 어른이 되고 싶구나? |
| 나 | (깜짝 놀란 표정으로) 내 속마음을 어떻게 그렇게 잘 알아요? |
| 증조할아버지 | 네 얼굴에 다 쓰여 있으니까 알지. |
| 나 | (재빨리 거울에 얼굴을 비춰본다. 마음속으로 거짓말이라고 생각한다.) |
| 증조할아버지 | 거짓말 아니다. 너도 나처럼 나이를 많이 먹으면 사람 마음을 훤히 읽을 수 있게 돼. |
| 나 | 할아버지, 그런데 왜 액자에서 나왔어요? 그냥 액자 속에서 편하게 계시지. |
| 증조할아버지 | 왜, 내가 싫냐? |
| 나 | 꼭 그런 건 아니지만. 갑자기 나타나시니까 어색해서요. (잠시 말을 멈춘다.) 무슨 말을 해야 할지도 모르겠고요. |
| 증조할아버지 | (미안한 표정으로) 미안하다! 사실은 그동안 말도 못 하고 액자 속에서 지켜만 보고 있으려니 속이 터져서 푸념이라도 하고 가려고 잠깐 나왔다. |
| 나 | (깜짝 놀라며) 예? 할아버지는 돌아가셨는데도 억울한 게 있으세요? 그리고 어른인데요? (고개를 갸웃거린다.) |
| 증조할아버지 | 죽었어도 억울한 건 억울한 거야. 그리고 어른도 억울하고 원통한 일이 엄청 많단다. (슬픈 표정으로 변한다.) |
| 나 | 아니에요. 어린이가 어른보다 훨씬 더 억울해요. 전 엄마 때문에 |

억울한 일이 엄청 많거든요. 진짜 말로는 다 할 수 없을 정도예요. (억울해서 목소리도 점점 커진다.)

**증조할아버지**　(슬픈 목소리로) 그런다고 설마 나만큼이나 억울할까?

**나**　못 믿겠어요? 내 말 들어 볼래요? 엄마는 맨날 나한테 공부, 공부해요. 게임도 못 하게 하고, 텔레비전도 못 보게 하고. (잠시 말을 멈춘다.) 심지어는 내가 제일 좋아하는 축구도 못 하게 해요. (화를 가라앉히기 위해 긴 숨을 쉬고서 잠시 씩씩대다가) 그뿐인 줄 아세요? 절약, 절약하면서 다른 애들이 다 신는 축구화도 안 사 주고, 군것질도 못 하게 하고, 오늘은 겨우 아이스크림 한 개 사 먹은 거로 된통 혼났어요. (얼굴이 벌겋게 변한다.) 사실 이 축구 선수 피규어 때문에 더 화를 낸 것 같지만, (피규어를 증조할아버지 앞에 보인다.) 이건 할아버지가 1년 동안 모은 돈으로 사 주신 거라고요. (슬픈 표정으로 변한다.) 엄마는 용돈도 안 주면서 혼만 내요. 또 있어요. (잠시 말을 멈춘다.) 가끔은 때리기도 해요. 아무튼 억울한 게 끝도 없어요. 가장 억울한 건 날 엄마 맘대로 하려고 하는 거예요. (씩씩 콧바람을 뿜어낸다.)

**증조할아버지**　그건 다 너를 위해서 하는 소리다.

**나**　(불끈해져 소리친다.) 거짓말 마세요. 나를 위한다면 엄마도 내가 하고 싶어 하는 것을 하게 응원하고 도와줘야죠. 난 축구 선수가 되고 싶어요. 할아버지는 내 꿈을 꼭 이루라고 이 피규어도 사 주셨어요. (잠시 말을 멈추고 피규어를 바라본다.) 하지만 엄마는 우리 반 애들 다 신고 다니는 축구화도 안 사 주면서 혼만 내고. (화난 표정으로 변한다.)

**증조할아버지**　(큰 목소리로) 너 가훈조차 벌써 까먹었냐? 거짓말도 자꾸 하면 느는 법이다. (입가에 야릇한 미소가 피어오른다.)

**나**　(화난 표정으로) 거짓말 아니에요! 난 다 엄마가 하라는 대로 하고 있다니까요!

| | |
|---|---|
| 증조할아버지 | 그럼, 왜 저 문을 안 열었냐? (방문을 가리킨다.) 너희 엄마가 제발 문 좀 열어 달라고 애걸복걸하던데. |
| 나 | (말문이 막혀 멍하게 바라만 본다.) |
| 증조할아버지 | 어때? 내 말이 맞지? (잠시 나의 눈치를 살핀다.) 넌 네 엄마 말도 안 듣고, 지금도 너 하고 싶은 말 다 하고 있잖냐. 이제 보니 두둑한 배짱은 나를 닮았나 보네. 허허허. (잠시 말을 멈춘다.) 협박에도 굴하지 않고, 유혹에도 넘어가지 않는 너를 보니 뿌듯하구나. (얼굴에 웃음이 가득하다.) |
| 나 | (정색하고서) 할아버지는 뭐가 그렇게 답답하고 억울했어요? |
| 증조할아버지 | 짜식! 내가 귀찮구나. 빨리 용건만 말하고 사라져라 이 말이지. 하지만 괜찮다. 네 할아비도 곧 돌아올 테니. 나도 서둘러야겠다. |
| 나 | (놀란 얼굴로) 와, 진짜 귀신이 따로 없네! (두 눈이 동그래진다.) |
| 증조할아버지 | (엄한 얼굴로 변하며) 딴생각 말고 내 말 똑바로 잘 들어! |
| 나 | (난처한 표정으로) 난 훈계는 싫은데! |
| 증조할아버지 | (엄하고 딱딱한 목소리로) 이놈아! 이건 훈계가 아니야. 일본놈들이 우리나라를 빼앗아 가서 우리를 심하게 괴롭혔다는 건 너도 알지? |
| 나 | (대충 고개를 끄덕인다.) |
| 증조할아버지 | (나의 얼굴을 또렷이 노려보며) 우리 자유를 빼앗아 간 것도 알 테지? 우리말을 쓰지 못하게 한 것도 알 거고. 이름도 일본식으로 바꾸게 하고, 학교에서 일본어만 가르치고. |
| 나 | (감흥 없는 표정으로 대충 고개만 끄덕이며) 학교에서 일본말 가르친 게 뭐가 나빠요? 우린 지금 학교에서 일본말 대신 영어를 배우는데요. 우리 반 애들은 거의 다 학원까지 다니면서 배워요. 엄마는 학원비 비싸다고 안 보내 주지만, 나더러 영어는 잘해야 한대요. 그래야 나중에 성공할 수 있다고 했어요. (생각에 잠긴다.) |

| | |
|---|---|
| **증조할아버지** | 너 잔소리 싫어하지? (단단한 목소리로) 짧게 말할 테니 잘 들어라. 남의 나라 말 잘한다고 너무 부러워 마라. 그런 놈 중에 속 빈 놈들도 적지 않으니까. (잠시 말을 멈춘다.) 제 나라 말도 틀리면서 남의 나라 말 조금 하는 것 가지고 허세를 부리는 꼴은 참 한심해 보이거든. 또 물건으로 환심을 사려는 놈들도 마찬가지야. 내세울 게 없으니까, 제일 쉬운 방법인 물건이나 돈으로 승부를 보려는 거야. 모두 빈 쭉정이 같은 놈들이란다. 특히 물질로 무시하거나 기죽이는 놈들하고는 상대도 하지 마라. (엄한 표정을 지으며) 그런 놈들은 제 이득이 없으면 친구까지도 헌신짝 버리듯 하니까. 잊지 마라. (입을 꾹 다물고 잠시 말을 멈춘다.) 시대가 변했다고 그런 놈들이 사라진 건 아니란다. (아주 강하게 힘주어 말한다.) 가난하다고 기죽지 말라고. 알아들었냐? |
| **나** | (뚱한 표정으로, 방백) 왜 나한테 이런 시시콜콜한 말들을 늘어놓지? 이런 말 말고 내 기를 살려 주려면 독립운동했던 이야기나 들려주시지. 할아버지는 증조할아버지가 독립운동한 증거가 없어서 독립운동가로 인정받지 못한다며 억울해하고 계신데. |
| **증조할아버지** | 이런 얘기 말고 다른 얘기를 들려줘? |
| **나** | (고개를 끄덕이며) 네, 독립운동하셨다는 증거를 찾게 말해 주세요. |
| **증조할아버지** | 쓸데없는 것에 욕심내지 마라. 난 독립운동을 특별한 대접을 받기 위해 한 것은 아니란다. 일본놈들이 나라를 빼앗고, 우리를 못살게 횡포를 부리니까. 우리 후손들까지 일본놈들에게 당하도록 보고만 있을 수는 없어서 독립운동하는 데 힘을 보탰던 거야. 하지만 지금은 후회한다. (긴 한숨을 내쉰다.) |
| **나** | (화들짝 놀라며) 네? (목소리가 한껏 올라간다.) |

한동안 침묵이 흐른다.

| | |
|---|---|
| **증조할아버지** | 저 액자 속에서 요즘 돌아가는 꼴을 지켜만 보고 있으려니 정말 울화가 치밀더구나. 제법 살 만해졌는데도 우리가 겪었던 그 숱한 고통을 싸그리 잊고 있으니, 이를 어쩌면 좋냐? 그 숨 막히고 처절했던 때를 전혀 이해하려고도 하지 않고. (잠시 말을 멈추지만 호흡이 불안정해진다.) 지금 당장의 이익 앞에서 설레발을 치더구나. |

(울화를 참아 내는 목소리로) 이런 말도 안 되는 꼴을 보려고 우리가 많을 걸 포기하면서 독립운동을 했나 싶다. 다 내 탓이다. 네 엄마가 너한테 공부 타령을 하는 것도, 돈이 없어 네 뒷바라지를 제대로 못 한 것도. 다 내 탓이야, 내 탓이야! (손으로 가슴을 서너 번 친다.)

그러니 너희 엄마를 너무 원망하지 마라. 특히 너까지 이렇게 힘들게 살 줄 알았더라면 일본놈들 비위나 맞출 것을 그랬다. 내가 일본놈들 앞잡이 노릇을 했더라면, 너 먹고 싶은 아이스크림도 맘껏 사 먹을 텐데. (말을 잇지 못하고 거친 숨을 내쉰다.)

영어 학원? 맞아! 네 친구들이 죄다 다닌다는 영어 학원도 다닐 수 있을 텐데. 그리고 어디 축구화뿐이겠냐? 네 엄마라면 분명히 축구공도 선수들이 쓰는 가장 좋은 것으로 사 줬을 거다.

그때로 돌아가면 난 절대로 안 할 거다. 독립운동 같은 것은 절대로 안 해! (거친 숨소리와 함께 고함을 지른다.) 내가 이 꼴을 보려고 가족조차 내팽개치고 독립운동을 한 것은 절대 아니란다. 흑흑흑. (소리 내어 흐느껴 운다.)

| | |
|---|---|
| **나** | (멍하니 증조할아버지를 보고 있다가 따라 울면서, 방백) 학교에서 배워서 아는데. 일본 사람들 앞잡이를 한 사람들은 진짜 진짜 나쁜 사람들이라고 했는데. 그들은 우리나라 사람들을 괴롭히고, 커다란 피해를 준 나쁘고 못된 사람들인데, 우리 증조할아버지가 그런 사람이나 될걸 그랬다고 후회를 하다니 설마 진짜로 그렇게 생각 |

159

하신 건 아니겠지? 다 나 때문에 마음에도 없는 거짓말을 하신 것 같아.

나　　　(독백) 수업시간에 선생님은 독립운동 하신 분들을 엄청 칭찬하셨어. 특히 이름을 드러내지 않고 아무 보상도 원하지 않은 채 독립운동을 하신 분들이야말로 진정한 영웅이라고 하셨어. 우리 증조할아버지는 선생님이 말한 진정한 영웅인데, 내 앞에서 돈 때문에 기도 못 펴시고 굳게 지켜오신 신념까지 버리시려는 것 같아.

나　　　(죄송한 마음으로 증조할아버지를 바라보며, 방백) 만약에 증조할아버지께서 독립운동을 해서 우리가 가난한 거라면 슬프게 생각하지 않을게요. 가난이 불편하긴 하지만 당당하게 받아들일게요. 어쩌면 할아버지와 아빠는 이걸 알고 있기에 가난에 굴복하지 않고 당당하게 생활하고 있나 봐요. 할아버지가 물건을 하찮은 것이라고 하면 헛소리라고 흘려들었는데 증조할아버지를 만나고 보니 훨씬 마음에 와닿아요. (엉엉엉 소리 내어 울기 시작한다.)

〈끝.〉

160

# 난 나쁜 친구야![35]

장소      **교실 안, 운동장, 동네 안, 바닷가, 태욱이 집**
시간      **생일 파티, 학교 생활, 방과 후**
등장인물      **정웅, 태욱, 담임 선생님, 교감 선생님, 반 친구 1~4, 정웅 엄마, 강아지 담이, 구조대원**

## 1막

정웅이가 사는 곳은 작은 어촌 마을이다. 부모님들은 농사일과 바다 일을 같이 하기에 엄청 바쁘다. 따라서 생일을 기억 못 하는 경우가 허다하다. 이를 안타깝게 생각한 선생님이 한 달에 한 번씩 케이크를 직접 사 오셔서 그달에 생일을 맞은 친구들을 축하해 준다.

교실 앞 교탁 위 생일 케이크에 촛불이 켜져 있다. 교탁 주변에 정웅이와 이번 달 생일인 친구 1~3명이 서 있다. 아이들 눈빛은 빛이 나고 교실 안 분위기는 진지하다. 막 생일 축하 노래를 시작하려는데 노크 소리와 함께 교실 앞문이 드르륵 열린다. 바람이 불어 정웅이 앞에 있는 촛불이 꺼진다.

---

**35**      배다인(2020), 『위의 책』 수록작, 소년한길.

| 정웅 | (화난 얼굴로) 누구야? (앞문을 노려본다.) |

교감 선생님이 들어온다. 뒤쪽에 낯선 아이도 따라 들어온다.

| 교감 선생님 | 김 선생님, 새로 온 전학생입니다. (교탁 위를 보고 표정이 굳는다.) |
| 담임 선생님 | (화들짝 놀라 교탁에 놓인 케이크를 바라보며) 이, 이건, 이번 달 생일……. (말끝을 흐리며 쩔쩔맨다.) |
| 교감 선생님 | (인상을 찌푸리며 무슨 말인가 하려다 말고 돌아서 나간다. 싸늘한 기운이 느껴진다.) |
| 반 친구 1 | (교감 선생님 모습이 보이지 않자) 선생님, 초가 녹아서 흘러내려요. 빨리요! |
| 반 친구 2 | (안타까운 목소리로) 정웅이 초는 벌써 꺼졌어. 안됐다. |
| 정웅 | (표정이 딱딱하게 굳어 있다.) |

교실 안이 갑자기 소란스러워진다. 당황한 선생님은 전학 온 학생에게 다가간다.

| 담임 선생님 | (전학생 손을 잡아끌면서) 이리 와. 일단 우리 생일 축하 노래부터 부르자. (교실 안 애들을 바라보며 고개를 끄덕인다.) |

반 아이들 생일 축하 노래를 대충대충 부른다. 눈길은 온통 전학생에게 쏠린다. 그동안 생일 축하를 받는 날에는 케이크도 많이 먹었다. 친구들의 관심도 듬뿍 받기에 관심을 못 받던 정웅이는 기대가 엄청 컸다. 어젯밤부터 긴장이 되고 가슴이 부풀어 잠도 설쳤다. 어쩌면 좋아하는 미소가 편지를 줄지도 모른다는 기대까지 부풀었다. 하지만 전학생 때문에 모든 게 엉망이 된 것 같았다.

| 정웅 | (화난 표정으로, 방백) 나쁜 자식들! 내 생일인데 이따위로 노래를 |

불러. 나중에 두고 봐! (반 애들을 째려본다.)

흐지부지해진 생일 파티가 끝나자 생일인 친구들 각자 자리로 돌아간다. 교실 앞에는 새로 전학 온 태욱만 남아 있다.

정웅　　　　　(자기 자리로 돌아가면서 화를 참아내며, 방백) 나쁜 자식, 왜 하필 오늘 전학 온 거야? (태욱을 노려보며) 두고 봐!

태욱　　　　　(고개를 숙여 인사를 한 후 또랑또랑한 목소리로) 안녕, 내 이름은 강태욱이야!

정웅　　　　　(태욱을 향해 인상을 찌푸리며, 방백) 왜 하필이면 이름도 강태욱이야! (주먹을 불끈 쥔다.)

쉬는 시간 반 아이들이 태욱의 이름을 여기저기서 부른다.

정웅　　　　　(깜짝깜짝 놀라면서 괴로운 표정을 지은 채, 방백) 왜 하필 우리 형하고 이름까지 비슷해서 괴롭게 만드는 거야? 나쁜 형은 내게 주먹도 휘둘러서 무서운데. 아무튼 저 자식은 맘에 안 들어. (콧바람을 씩씩대며 노려본다.) 흥, 저게 며칠이나 가겠어. 내가 치사하게 질투하는 건 아니잖아.

서서히 무대 어두워지고 다시 밝아진다.
방과 후 운동장에서 전동 자전거를 타는 모습이 보인다. 정웅이 눈이 휘둥그레진다.

정웅　　　　　(놀란 목소리로) 뭐야? 저 녀석은? (걸음을 멈추고서 살펴본다.)

태욱이 친구들에게 전동 자전거를 태워 주고 있다. 정웅은 마음이 흔들리는 걸 느낀다.

반 친구 1          (전동 자전거를 탄 채 한 손을 흔들며) 야호! 신난다!

태욱              (놀란 표정으로 소리친다.) 그렇게 하면 안 돼! 위험해!

정웅              (독백) 고함치고 간섭하는 모습은 우리 형하고 똑같네.

반 친구 2, 3        (차례를 기다리며) 엄청 재미있겠지?

정웅은 쭈뼛쭈뼛 자전거를 타려는 줄 가까이 다가간다.

반 친구 4          (정웅이를 바라보며) 너도 타고 싶으면 뒤로 가서 줄 서.

정웅              (슬그머니 뒤로 가서 줄을 선다.)

반 친구 3          야, 한 바퀴 탔으면 그만 내려.

차례를 기다리는 애들도 따라 소리친다.

태욱              (손목시계를 확인하더니) 이제 나 집에 가야 해.

반 친구 1-4         (한꺼번에) 야, 왜 벌써 가? 난 아직 못 탔잖아.

태욱              늦었어. 더 늦으면 우리 엄마가 찾으러 올 거야. 내일 또 태워 줄게.
                 나 간다.

태욱이 전동 자전거를 타고 가 버린다. 차례를 기다리던 아이들도 뿔뿔이 흩어진다. 몇몇 아이는 태욱이 타고 가는 전동 자전거 뒤를 따라 달린다.

정웅              (잡으려다 놓친 새를 바라보듯 아쉬운 표정으로 우두커니 바라보고 서
                 있다가 아무도 없는 운동장에서 분한 마음으로 소리친다.) 안 타, 더러

워서 안 탄다!

다음 날, 쉬는 시간에도 애들이 전동 자전거를 탄다. 정웅이는 관심 없는 척 행동하다가 벌컥벌컥 물을 마신다.

무대 어두워지고 막이 내린다.

## 2막

교실 안, 소란스럽다. 오늘은 한 달에 한 번씩 제비뽑기로 자리를 정한다. 자리를 뽑은 아이들이 다양한 반응을 보인다.

| | |
|---|---|
| 정웅 | (태욱이를 흘겨본 후, 방백) 나쁜 자식, 전동 자전거를 한 번도 안 태워 주고. 꼴도 보기 싫어. 저 녀석과 멀리 떨어져 앉아야겠어. |
| 태욱 | (제비뽑기한 종이를 집어 들고 정웅 근처로 와서 손을 내밀며) 강정웅이라고 했지? 우리 성이 같네! 반가워. (활짝 웃어 보인다.) |
| 정웅 | (얼른 바지 주머니 속에 손을 집어넣고 고개를 돌려 버린다.) |
| 태욱 | (신경쓰지 않는지 태연하게 자기 자리에 앉는다.) |
| 정웅 | (표현도 못 하고 속앓이만 하다가 머리를 감싸쥔다.) |

과학 시간. 정웅이 실험 도구를 설치한다.

| | |
|---|---|
| 태욱 | (설치된 과학 실험 도구를 살피며) 이건 이렇게 설치하는 게 아닌데. (정웅이 설치해 놓은 것을 다시 설치한다.) |
| 반 친구 1 | (놀란 목소리로) 우아! 태욱이 넌 어떻게 그렇게 잘 알아? |

| 반 친구 2 | 그러게. 엄청 잘 하는데. (부러운 눈길을 보낸다.) |
|---|---|
| 태욱 | 이 정도는 기본이지. (가볍게 웃는다.) |
| 정웅 | (얼굴이 벌겋게 변한다. 태욱을 흘겨보며 인상을 찌푸린다.) |
| 반 친구 3 | 태욱이는 공부도 잘하고 마음씨도 착해. 그치? (조원들을 바라본다.) |
| 반 1, 2 | (입을 모아) 맞아! 맞아! |
| 정웅 | (화난 표정으로, 방백) 꼴도 보기 싫은 녀석, 사라져 버려라, 제발! |

무대 어두워지고, 잠시 후 다시 밝아진다.


오늘은 정웅의 형 태웅이 수학여행 떠난 날이다. 학교에서 돌아온 정웅의 기분이 좋아 보인다. 정웅이 대문으로 들어오자 집에서 기르는 개 담이가 반긴다. 담이는 5년 전 형이 생일 선물로 받았다. 태웅은 부모님이 없을 때면 자기 동생은 담이 뿐이라며 정웅의 자존심을 짓밟곤 했다.


| 정웅 | (자신을 반기는 담이를 어루만지며) 엄마, 오늘은 형 없으니까 담이 산책은 내가 시킬게요. |
|---|---|
| 정웅 엄마 | (놀란 표정으로) 정웅아, 네가 담이를 산책시키는 건 위험해. 담이가 힘이 세서 도리어 네가 끌려다닐 수도 있어. |
| 정웅 | (엄마에게 매달리며) 엄마, 걱정하지 마세요. 집 근처만 잠깐 돌고 올게요. 네? 네? 네? |
| 정웅 엄마 | (정웅이 졸라도 못 듣는 척한다.) |
| 정웅 | (끈질기게 엄마 곁에 달라붙어 계속 졸라댄다.) 엄마, 엄마! 오늘만……. |
| 정웅 엄마 | (포기한 목소리로 고개를 끄덕이며) 진짜 잘 할 수 있지? |
| 정웅 | (신나하며) 그럼요. 형 옆에서 다 봐서 잘 할 수 있어요. |

| 정웅 엄마 | (서두르는 정웅이를 바라보며) 휴대폰 챙겼지? 혹시 무슨 일이 생기면 곧바로 집으로 전화해. 알았지? |
|---|---|
| 정웅 | (신이나 우쭐대며) 네네네, 걱정하지 마세요! (큰 소리를 친 후 담이를 데리고 집에서 나간다.) |

경쾌한 음악 소리 들리고 서서히 무대 어두워졌다가 잠시 후 다시 밝아진다.
마을 안에서 개 짖는 소리와 함께 정웅이 뛰는 소리가 들린다.

| 담이 | (신나서 뛰어가며) 멍멍멍! |
|---|---|
| 정웅 | 담아, 우리 학교 운동장에 갈까? 애들이 보면 엄청 부러워할 거야. (얼굴에 미소가 가득 피어오른다.) |
| 담이 | (걸음을 멈추고서 사납게) 컹컹컹! |
| 정웅 | (바짝 긴장하며 담이 목줄을 짧게 잡아당기며) 왜 그래? (주변을 살피다가 표정이 구겨진다.) 헉, 왕재수! |
| 담이 | (앞쪽으로 가려고 힘을 쓰며) 컹컹컹! (멀리서 다가오는 전동 자전거를 향해 꼬리를 흔든다.) |
| 정웅 | (담이 목줄을 힘주어 잡아당기며 화가 나 소리친다.) 가만, 가만 있어! |

담이가 앞으로 달려가려고 몸을 거칠게 움직인다. 정웅이 담이에게 끌려간다.

| 정웅 | (담이에게 끌려가며 독백) 안 돼! 멈춰! (담이 멈추지 않고 계속 앞으로 간다.) 태웅이 형이 이 모습을 보면 혼낼 거야! (끌려가지 않으려고 안간힘을 쓰면서 담이 목줄을 잡아당긴다.) |
|---|---|

태욱이 탄 자전거가 점점 가까이 다가온다. 정웅은 과학 시간에 망신당했던 일이 떠오른다.

| 정웅 | (독백) 아주 잠깐만 목줄을 놔 볼까? (혼자서 킥킥거리며) 겁만 주면 되잖아. (고민하는 표정을 짓는다.) |
| 담이 | (강렬하게 몸짓을 하며 앞으로 달려가려 한다.) 컹컹컹컹! |
| 정웅 | (담이 목줄을 꼭 쥐고서 큰 목소리로 소리친다.) 태욱아, (잠시 멈춘 후) 바다로 굴러떨어져라! |

담이가 거칠게 뛰어오르며 짖는다. 태욱의 전동 자전거 속도가 갑자기 빨라지다가 순식간에 모퉁이를 돌아 사라진다. 정웅은 몸이 굳어진 채 멍하니 서 있다.

| 정웅 | (불안한 표정으로, 독백) 안 되는데. 저쪽 모퉁이 바닥은 돌들이 심하게 튀어나와 있는데. 저렇게 빨리 달리면 큰일 나는데. 여태껏 십자가를 보고 기도했어도 별일 없었는데 어떡하지? |
| 담이 | (앞으로 달려가려고 몸부림치며) 컹컹컹컹! |
| 정웅 | (뒤늦게 정신이 돌아온 듯 큰 소리로 외친다.) 태욱아, 태욱아! |
| 담이 | (이리저리 날뛰면서 큰 소리로 짖어 댄다.) |

정웅, 잡고 있던 담이 목줄을 놓친다. 담이는 컹컹 짖어대며 태욱이 지나간 곳으로 달려간다.

| 정웅 | (담이 뒤를 쫓으며) 담아! 거기 서! |
| 담이 | (더 빠르게 달린다.) |
| 정웅 | (겁먹은 목소리로) 담아, 담아! 스톱! (헉헉헉 숨을 몰아쉬며 담이를 뒤쫓는다.) |
| 담이 | (모퉁이를 돌아 멈춰 서서 바다 쪽을 내려다보며 짖는다.) 컹컹컹! |
| 정웅 | (조심조심 담이에게 다가간다. 담이 목줄을 다시 잡고 휴 하고 한숨을 내 쉰다.) |

| | |
|---|---|
| 담이 | 컹컹컹! (바다 쪽을 바라보며 요란하게 짖는다.) |
| 정웅 | (숨을 헐떡이며 아래쪽을 살피다가 깜짝 놀란 목소리로) 태욱아……, 강태욱! |
| 담이 | (뒷발을 딛고 서서 정웅이 얼굴을 혀로 핥는다.) |
| 정웅 | 가만가만. 저리 가. (담이를 밀치며 주머니에서 휴대폰을 찾아 꺼낸다.) 도, 도, 도와주세요! (잔뜩 겁에 질린 목소리로 소리친다.) |
| 구급대원 | (전화기 속에서 목소리만 들린다.) 여보세요. 구조대입니다. 말씀하세요. |
| 담이 | 컹컹컹! (요란하게 계속 짖어 댄다.) |
| 정웅 | (울부짖으며) 빠, 빠졌어요. 바다 쪽으로, 엉엉. (울음을 터트린다.) |
| 구급대원 | (전화기 속에서 목소리만 들린다.) 울지 말고 전화는 절대로 끊지 말거라. 우리가 금방 가서 구해 줄 테니. |

전화기 안에서 구급차 사이렌 소리가 들려온다. 담이는 거칠게 몸부림치며 짖는다. 정웅은 담이 목줄과 휴대폰을 놓치지 않기 위해 안간힘을 쓴다. 사이렌 소리가 가까워진다.

| | |
|---|---|
| 정웅 | (핸드폰을 든 손을 흔들며) 여기요! 여기! |

구급차에서 내린 구급대원들이 빠르게 구조 활동을 벌인다. 바다 쪽으로 굴러 떨어진 태욱을 들것으로 들어 올린다. 태욱이를 구급차에 태우고 간다. 뒤처리하던 구급대원들이 분주히 움직인다.

| | |
|---|---|
| 구급대원 | (정웅이 어깨를 다독이며) 잘했어. 참 훌륭했어. |
| 정웅 | (바짝 긴장한 채 눈물만 흘린다.) |
| 담이 | (꼬리를 흔들면서 짖는다.) 컹컹컹! |

무대 어두워지고 막이 내려온다.


## 3막

태욱의 생일날. 반 아이들 모두 초대받는다. 친구들이 기뻐하지만 정웅이는 기쁘지 않다. 생일 파티에 늦게까지 정웅이 가지 않자 태욱은 세 번이나 전화를 한다. 정웅은 마지 못해 생일 파티 장소인 태욱의 집에 도착한다.

| | |
|---|---|
| 정웅 | (어두운 표정으로 초인종을 누른다.) |
| 태욱 | (고깔모자를 쓰고 달려 나와 정웅이 손을 잡아끌며) 어서 와! 네가 오기만을 기다리고 있었어. |
| 정웅 | (어색한 표정으로 뒤따른다.) |

테이블 위에 케이크가 놓여 있다. 주변에 반 친구들 모두 모여 있다. 태욱이 케이크에 꽂힌 초에 불을 붙인다.

| | |
|---|---|
| 태욱 | (마지막 초가 하나 남았을 때 정웅에게 불을 건네며) 정웅아, 이건 네가 불을 붙여 줘. 부탁이야. |
| 정웅 | (처음에는 꺼리지만 주변에서 재촉하자 불을 받아 묵묵히 남겨진 초에 불을 붙인다.) |

박수 소리와 생일 축하 노래가 흘러나온다. 웃음소리와 음식 먹는 소리도 요란하다.
　음악 소리와 함께 무대 어두워지고 다시 밝아지자, 모두 퇴장하고 파티 장소에 태욱과 정웅만 남아 있다.

| | |
|---|---|
| 태욱 | (손에 작은 초를 들고 있다.) 짠! (불꽃이 생겨난다.) |
| 정웅 | (깜짝 놀라 눈이 휘둥그레진다.) |
| 태욱 | (정웅에게 촛불 든 손을 내밀며) 건전지로 켜는 가짜 촛불이야. 훅 불어도 안 꺼져. 이거 너 가질래? |
| 정웅 | (어색한 표정으로 고개를 갸웃거린다.) 가짜 촛불? |
| 태욱 | 사실은 이모가 생일 선물로 보내 준 건데 너에게 주고 싶어. |
| 정웅 | (고개를 숙이고 생각에 잠긴다.) |
| 태욱 | 내가 바다 쪽으로 굴러떨어져 있을 때 정웅이 네 목소리가 마치 이 촛불처럼 환한 희망으로 다가왔어. (잠시 말을 멈춘 후, 감동한 목소리로) 진짜 고마워! 넌 내 생명의 은인이야! |
| 정웅 | (미안한 표정으로, 방백) 난, 그동안 마음속으로 너를 저주하고 욕도 퍼부었는데. (정웅이 태욱이 손에 들린 촛불을 바라본다.) |

정웅과 태욱이 한동안 말없이 촛불을 바라본다.

| | |
|---|---|
| 정웅 | (난처한 표정으로) 미, 미안해. 그날 내가 크게 소리쳐서 깜짝 놀랐지? (힐끗 태욱이 눈치를 살핀다.) |
| 태욱 | (손사래를 치며) 아냐, 내가 더 나빴어. 나도 너에게 일부러 자전거를 태워 주지 않았거든. (미안해하는 표정으로) 왜냐하면 너는 형이 있어서 그런지 듬직해 보이고 강해 보였어. (잠시 말을 멈춘다.) 사실은 네가 엄청 부러웠고, 샘도 많이 났어. (정웅의 얼굴을 바라본다.) 그래서 그때 너를 제치고 더 빨리 가려다가 바다 쪽으로 굴러떨어진 거야. 그런데도 넌 착해서 나쁜 나를 구해 줬잖아. |
| 정웅 | (깜짝 놀라 태욱의 눈을 똑바로 바라본다.) 내가 진짜 듬직하고 강해 보였어? |
| 태욱 | (고개를 끄덕인다.) |

| 정웅 | (표정이 밝아지며) 태욱아, 너랑 나랑 통하는 것도 있었네. 그치? (태욱의 눈치를 살피는 모습이 불안해 보인다.) |
| 태욱 | (생각에 잠긴 채 말이 없다.) |

정웅이 태욱의 손에 들린 가짜 촛불에 익살스럽게 바람을 분다. 가만히 있던 태욱이 갑자기 훅 하고 더 세게 바람을 분다. 정웅의 입꼬리가 올라가고 미소를 짓는다. 눈빛을 마주친 정웅과 태욱이 머리를 맞대고 계속 바람을 분다. 둘 다 얼굴이 벌게진다.

| 정웅 | (바람 부는 것을 멈추더니) 태욱아, 사실 내 속마음은 엄청 나쁜데, 그래도 괜찮겠어? |
| 태욱 | (두 눈이 휘둥그레진 채) 속마음이 나쁘다고? 그건 나도 그래. 우리 그딴 거 신경 쓰지 말자. (잠시 말을 멈췄다가) 우린 친구잖아! (환하게 웃는다.) |
| 정웅 | (바짝 반기며) 좋아! 너랑 나랑 닮은 게 또 생겼다. 그치? (태욱을 따라 웃는다.) |
| 태욱 | (정웅을 따라 웃으며 손에 들고 있던 가짜 촛불을 정웅에게 건넨다.) |

정웅이 태욱의 손을 맞잡는다. 정웅이 먼저 손을 흔든다. 정웅과 태욱의 얼굴에 미소가 커다란 웃음으로 변한다. 웃음소리가 점점 커진다.

서서히 무대 어두워지고 막이 내린다.

〈끝.〉

# 빛나는 왕따[36]

장소        **거실, 학교 교실**

시간        **등교 시간, 수업 시간**

등장인물    **나(예진), 민지, 승현, 재호, 예진 엄마, 승현 엄마, 선생님, 반 친구들 1−3**

### 1막

예진의 엄마는 참견 대장이다. 예진이에게 세수해라, 양치질해라, 옷 갈아입어라 하면서 온갖 참견을 한다. 오늘은 학교에 입고 갈 옷까지 챙겨 놓았다.

| | |
|---|---|
| 예진 | (엄마가 챙겨 놓은 바지를 보고 깜짝 놀라며 짜증 섞인 목소리로 소리친다.) 엄마, 이 바지 찢어진 거 아냐? |
| 예진 엄마 | (태연한 목소리로) 걱정 마! 예쁘게 꿰매다 놓았어. |
| 예진 | (못마땅한 표정으로 바지를 들고 살피기 시작한다.) |

찢어진 곳에 빨간 사과 모양을 만들어 예뻐 보였다. 하지만 예진은 꺼림칙하다. 반

---

**36**    배다인(2008), 『아기제비 번지점프 하다』 수록작, 소년한길.

친구들은 이 바지가 찢어진 사실을 다 알고 있다.

| | |
|---|---|
| 예진 | 엄마, 이 바지 말고 다른 바지 줘! (바지를 들고 흔든다.) |
| 예진 엄마 | 그냥 입어. |
| 예진 | 창피하게 꿰맨 바지를 어떻게 입어? (짜증을 낸다.) |
| 예진 엄마 | (놀란 눈빛으로) 창피하다니? 꿰매 놓으니 꼭 새 옷 같잖아. 엄마가 보기에는 지난번보다 훨씬 예쁜 것 같은데 왜 그러니? |
| 예진 | 뭐가 새 옷 같아? 아무튼 이 바지는 안 입을 거야! |
| 예진 엄마 | (퉁명한 목소리로) 그럼, 멀쩡한 바지를 버리란 말이니? |
| 예진 | 버리든 말든 엄마 마음대로 해. |
| 예진 엄마 | (어이없다는 표정으로 예진을 노려보며) 뭐? |
| 예진 | (엄마 눈치를 살피면서, 방백) 그렇게 봐도 소용없어요. 절대로 안 입을 거예요. |

서먹한 분위기가 흐른다. 엄마는 굳은 얼굴로 입을 꾹 다물고 있다.

| | |
|---|---|
| 예진 | (퉁명스러운 목소리로) 엄마는 내가 왕따 당하면 좋겠어? |
| 예진 엄마 | (깜짝 놀라며 목소리가 올라간다.) 왕따? |
| 예진 | 그래, 꿰맨 바지를 입고 학교에 가면 분명히 친구들한테 놀림 받을 거야. (잠시 말을 멈춘다.) 어쩌면 왕따를 당할지도 몰라. |
| 예진 엄마 | (미심쩍은 표정으로) 설마? |
| 예진 | (또렷하게 힘주어 가며) 엄마는 알지도 못하면서 왜 그래? 아무튼 이 바지는 절대로 안 입을 거야! (일부러 쿵쾅거리며 자기 방으로 향한다.) |

무대 서서히 어두워졌다가 다시 밝아지고 예진이 자기 방에 있다.

| 예진 | (몸을 흔들며 독백) 꿰맨 바지라니! (몸을 바르르 떤다.) 생각만 해도 아찔해. 혹시 내가 좋아하는 승현이가 꿰맨 바지를 입은 내 모습을 보면 어떡하라고. 흥! 절대 안 입어요. (엄마가 있는 거실 쪽을 향해 입을 쭉 내민다.) 이번 기회에 옷은 내 맘대로 입겠다고 해야겠어. |
|---|---|

예진, 옷장으로 다가가 옷장 문을 열고 이 옷 저 옷을 살핀다. 맘에 드는 옷을 꺼낸 뒤 거실 쪽을 훔쳐보며 재빠르게 옷을 갈아입는다. 거울에 모습을 비춰보며 미소를 짓는다.

| 예진 | (기분이 좋은지 환하게 웃으며, 독백) 승현이가 내 모습을 보면 예쁘다고 하겠지? 빨리 보여주고 싶은데. 키키키. (살금살금 방문으로 다가가 문을 열어 본다.) |
|---|---|

부엌에서 설거지하는 소리가 들린다.

| 예진 | (현관을 향해 재빠르게 달리며) 학교 다녀오겠습니다! (크게 소리친다. 우당탕 현관을 빠져 나와 발을 동동댄다. 엄마가 뒤쫓아 나올 것 같아 예진 허겁지겁 계단으로 뛰어 내려간다.) |
|---|---|

빠르게 걷는 소리가 들리고 무대 어두워졌다 다시 밝아진다.
학교 가는 길. 예진이 기분이 좋아 콧노래를 부른다. 하늘을 올려다보기도 하고 주변 풍경을 살피며 걷는다.

| 민지 | (목소리만) 예진아! |
|---|---|
| 예진 | (걸음을 멈추고 소리가 나는 쪽을 돌아봤다가 뒤쪽에서 민지를 발견하고 손을 흔들며) 민지야! |

| 민지 | (꽃무늬 원피스를 입고서 예진이를 향해 달려온다.) 같이 가. |
|---|---|
| 예진 | (달려오는 민지를 기다리며, 방백) 꿰맨 바지를 민지가 봤더라면 뭐라고 했을까? (고개를 저으며) 후유. |
| 민지 | (놀란 얼굴로) 예진아, 왜 그러니? |
| 예진 | 아, 아냐. 민지야, 그런데 그 원피스 못 보던 건데? (민지가 입고 있는 옷을 살핀다.) |
| 민지 | (제자리에서 빙그르르 돌며) 엄마를 졸라 산 거야. 어때, 예쁘지? |
| 예진 | (고개를 끄덕이며) 으응! |
| 민지 | (기분이 좋아 방글거리며) 이 옷을 파는 가게 이모도 예쁘다고 했어……. (민지 자랑이 계속 이어진다.) |

민지는 반에서 가장 멋쟁이다. 매일 옷을 바꿔 입고 학교에 온다. 이런 민지를 싫어하는 애들도 꽤 있다. 민지가 공주병에 걸렸다고 수군대는 데도, 민지는 그런 소리를 듣고도 별로 신경 쓰지 않는 눈치다.

민지는 요즘 들어 한층 더 멋을 부린다. 매일 옷에 맞춰 색다른 머리핀, 액세서리를 한다. 민지는 반 남자애들한테 인기가 많다. 그래서인지 콧대가 엄청 높아졌다. 민지는 종종 어떤 애들 옷이 촌스럽다며 귓속말로 흉을 보기도 한다.

| 민지 | 남자애들도 이 원피스 보면 예쁘다고 하겠지? |
|---|---|
| 예진 | (고개를 끄덕이며) 그럴 거야. |
| 민지 | (예진이 눈치를 살피며) 혹시, 승현이도 예쁘다고 할까? |
| 예진 | 너는 승현이가 그런 말 하는 거 들어 봤니? |
| 민지 | 못 들어 봤지! 승현이는 다른 애들이랑 다르게 말이 많지 않으니까 더 특별해 보여. 그래서 승현이한테 자꾸만 마음이 끌리는 것 같아. (민지 얼굴이 붉어진다.) |
| 예진 | (민지를 살피며, 방백) 민지가 승현이를 좋아하는 거 아냐? |

예진이 찜찜한 기분을 털어내고 싶어 태연한 척한다.


예진         (목소리를 높여서) 민지야, 우리 교실까지 누가 먼저 도착하나 달리기 시합할까?

민지         (인상을 찌푸리며) 싫어! 나 치마 입었잖아. 그런데 예진아, 너 승현이랑 친하지?

예진         (고개를 끄덕이며 일부러 큰 소리로) 그래! 아주 친해.

민지         (눈동자를 반짝이며) 진짜?

예진         민지야, 너는 치마 입으면 불편하지도 않니? 나는 불편해서 싫던데.

민지         맞아, 그러고 보니 네가 치마 입은 모습은 못 본 것 같아. (예진이 옷을 살핀다.) 너도 치마를 입으면 잘 어울릴 텐데. (무슨 말인가 할 듯 말 듯 고민한다.)

예진         (안 좋은 예감을 느끼며, 방백) 그 바지 안 입고 오길 정말 잘했어. 후유. (민지의 눈을 피해 한숨을 가만가만 내쉰다.)


무대 어두워지고 막이 내린다.




**2막**


예진과 민지, 교실로 들어선다. 승현의 자리에 애들이 몰려서 웅성거린다.


예진         (애들 틈을 파고들며) 무슨 일이니?

재호         (반갑게 맞이하며) 예진아, 승현이 바지 좀 봐!
                (승현의 바지를 손가락으로 가리킨다.)

| | |
|---|---|
| 예진 | (퉁명한 말투로) 승현이 바지가 어때서? |
| 재호 | (당당한 목소리로) 무릎 부분을 꿰맸잖아. |
| 예진 | (승현의 꿰맨 바지를 바라본다. 불안한 눈빛으로 민지 쪽을 향해 눈길을 돌린다.) |
| 민지 | (가까이 다가오며) 재호야, 정말이니? (표정이 묘하게 변해 간다.) |
| 재호 | 너도 직접 와서 봐 봐. (민지에게 자리를 내어 준다.) |
| 민지 | (고개를 갸웃거리며) 설마? |
| 재호 | 어때, 내 말이 맞지? |
| 민지 | (얼굴을 붉히며) 어쩜! 나 같으면 부끄러워서 저런 바지 입고 학교에 못 올 텐데……. |
| 재호 | (목소리 톤을 한층 올려) 민지야, 너만 좋은 옷 입고 다니지 말고 웬만하면 불우이웃을 돕는 게 어때? 같은 반에 불우이웃이 있잖아. |
| 반 친구들 | (목소리를 모아) 맞아, 맞아! (손뼉을 쳐가며 맞장구를 친다.) |
| 재호 | 얘들아, 우리 불우이웃 좀 돕자? 민지 너는 어때? (주변 아이들을 둘러본다.) |
| 민지 | (새침한 표정으로) 알았어. 우리 엄마한테 한번 말해 볼게. |
| 승현 | (고개를 숙인 채 얼굴이 붉어진다.) |
| 예진 | (주변 아이들을 둘러보며, 방백) 승현이는 2학년 때는 씩씩하고 용감했는데. 양보도 잘하고 어려운 애들을 도와주는 멋진 친구였어. 여자애들한테 인기도 많고. 3학년에 올라오고부터는 늘 혼자 지내네. 쉬는 시간이면 조용히 책을 읽고. 집에 돌아갈 때까지 말 한마디 하지 않은 날도 많아. 그래서인지 차츰 친구들도 줄고. (표정이 점점 굳어 간다.) |
| 예진 엄마 | (목소리로, 예진 아빠에게) 승현이 엄마 항암 치료받는 데 돈이 엄청 많이 드나 봐요. 보험금이 나오지만 치료하기에는 턱없이 부족하대요. |

엄마 말을 엿듣게 된 예진, 흠칫 놀란다.

예진   (방백) 꿰맨 바지를 입고 온 것을 보니 승현이 집 형편이 안 좋은가
      보네. 승현이네 형편을 아이들한테 말해 줄까? (고민하는 표정으로
      엉거주춤한다.)

승현을 에워싸고 애들이 계속 놀린다. 그 모습을 본 예진은 마음이 무겁다.

예진   (안타까운 표정으로, 방백) 혹시 승현이가 왕따를 당하는 건 아닐까?
재호   (애들이 교실로 들어설 때마다 소리친다.) 승현이 바지 좀 봐. 꿰맨
      바지야! (재밌다는 표정으로 웃는다.)
예진   (재호를 흘겨보며 방백) 재호 행동은 옳지 않은데. 하지만 나서서
      말릴 용기가 없어. (망설이며) 혹시 재호가 둘이 사귀냐고 놀릴 수
      도 있어. 특히 재호는 똑똑하고 발표도 잘하고 태권도도 검은 띠라
      인기도 많은데. 혹시 나도 재호 눈 밖에 나면 힘들 거야. (몸을 움츠
      린다.)

예진, 괴로워한다. 친구는 어려울 때 서로 도와야 한다고 배웠던 걸 떠올린다. 하지
만 행동으로 옮기기는 참 어렵다는 걸 깨닫는다.

희수   (교실로 들어서며 큰 소리로) 너희들, 왜 내 자리에 몰려 있니? (인
      상을 찌푸린다.)
재호   (신이 난 목소리로) 희수야, 빨리 와서 승현이 바지 좀 봐. 꿰맨 바
      지를 입고 왔어!
반 친구들  (입을 모아) 맞아, 맞아! 꿰맨 바지야, 꿰맨 바지!
희수   (표정이 굳어진 채 당당한 목소리로) 너희들, 친구 옷을 가지고 놀리

고 있니? 유치하게.

재호            어휴, 무서운데. (과장된 몸짓을 한다.)

희수            (말없이 매서운 눈빛으로 몰려 있는 반 친구들을 노려본다.)

재호            (고개를 흔들며 슬금슬금 자기 자리로 돌아간다.)


몰려 있던 아이들이 뿔뿔이 흩어져 자기 자리로 간다. 예진도 자기 자리로 돌아
간다.


예진            (고개를 흔들며, 방백) 엄마가 꺼내 놓은 바지를 입었더라면 큰일
               날 뻔했어. (말을 잠시 멈춘다.) 그나마 내 바지는 마치 승현이 엄마
               처럼 솜씨 좋은 사람이 꿰맨 것 같았는데. (승현이를 바라보며 생각
               에 잠긴다.)


며칠 전 체육 시간에 달리기를 하다가 한꺼번에 와르르 넘어졌다. 승현의 바지도
그때 찢어졌다. 예진은 승현의 엄마가 꿰맨 부분에 멋진 모양을 만들어 줬으면 좋을
텐데 하고 아쉬워한다. 고개를 돌리다가 승현의 눈에 눈물이 고인 것을 보고도 어색
한 표정만 짓는다.


예진            (안타까운 표정으로, 방백) 희수처럼 내가 나서서 편을 들어 줬어야
               했는데. (승현에게서 눈을 떼지 못한다.)


무대 어두워졌다가 다시 밝아지고, 장소는 운동장으로 변한다.


체육 시간. 운동장에서 남자아이들이 축구 경기를 하는데 승현이 혼자 스탠드에 앉
아 있다. 예진은 승현이 앉아 있는 곳을 힐끔힐끔 훔쳐본다. 아침에 있었던 일을 선생
님께 말할까 고민한다. 하지만 선생님이 알고 나면 애들이 선생님이 없는 곳에서 더

끈질기게 승현을 놀리고 괴롭힐 것을 알기에 포기한다.

체육 시간이 끝나고 수돗가로 가는데 승현이 축 처진 어깨로 예진을 앞서간다. 예진이 승현 엄마 모습을 떠올린다.

승현 엄마　　(목소리만) 우리 예진이처럼 예쁜 딸 하나 있으면 참 좋을 텐데.

예진　　　　(걸음을 멈추고서, 방백) 승현 아줌마는 항상 내 편이었는데. 승현이와 다투면 승현이를 혼내고.

승현 엄마　　(목소리만) 예진아, 우리 승현이랑 서로 도우면서 친하게 지내 줘.

예진　　　　(네 하고 대답했던 모습을 떠올리며 미안한 표정을 짓는다.)

민지가 멈춰 서 있는 예진을 발견하고 곁으로 다가온다.

민지　　　　(예진 곁으로 바짝 다가와서) 예진아, 승현이네 엄청 가난하니?

예진　　　　(민지 눈을 보고서 똑 부러진 목소리로) 아니.

민지　　　　(고개를 갸웃거리며) 설마? (미심쩍은 표정을 지으며 예진이보다 앞서가 버린다.)

예진　　　　(방백) 승현이네는 못사는 게 아니고 검소한 거야. (앞서 가는 민지를 못마땅한 표정으로 바라본다.)

무대 어두워지고 서서히 막이 내린다

## 3막

학교에서 돌아온 예진이 집으로 들어서며 소리친다.

| 예진 | (주변을 살피며) 엄마! 꿰맨 바지 어디 있어? |
|------|------|
| 예진 엄마 | (놀란 얼굴로) 네가 안 입는다고 해서 저쪽에 놔뒀는데, 왜? |
| 예진 | 내일 그 바지 입고 학교 갈 거야. (가방을 내려놓는다.) |
| 예진 엄마 | (뜨악한 표정으로) 꿰맨 바지를 입으면 친구들이 왕따시킨다고 했잖니? |
| 예진 | (엄마를 바라보며) 그러니까 입을 거야. |
| 예진 엄마 | (깜짝 놀란 얼굴로) 뭐? (목소리가 한껏 올라가고 눈이 휘둥그레진다.) |
| 예진 | 친구들한테 왕따 당하고 싶어서 일부러 입으려는 거야. (씩 웃어 보이고서 단단히 결심한 표정으로) 내가 나서서 왕따 당할 거야. |
| 예진 엄마 | (불안한 표정으로 예진이를 바라본다.) |

예진이 엄마에게 학교에서 있었던 일을 자세히 들려준다.

| 예진 엄마 | (예진의 손을 덥석 붙잡으며) 우리 예진이 많이 컸구나! (목소리 가늘게 떨린다. 잠시 말을 멈춘 후) 휴-, 사실 그 바지 승현이 엄마가 꿰매 준 거야. |
|------|------|
| 예진 | (깜짝 놀라며) 승현이 아줌마가? |
| 예진 엄마 | (고개를 끄덕이며) 그래, 며칠 전에 갔더니 승현이 바지를 꿰매고 있더구나. 무심결에 네 바지도 찢어졌다고 했더니 자꾸만 가져오라고 하지 않겠니. 조금이라도 힘이 남았을 때 너한테 뭔가 해 주고 싶다면서……. (말꼬리를 흐리더니 눈가가 촉촉하게 젖는다.) |
| 예진 | (버럭 소리치며) 엄마, 왜 아줌마가 꿰매 줬다는 말은 안 했어? 승현이 바지보다 훨씬 예쁘게 꿰맸던데. |
| 예진 엄마 | (고개를 끄덕이며) 그랬구나. (목소리에 슬픔이 가득하다.) |
| 예진 | 응, 승현이 바지는 그냥 바느질만 했던데. |

| | |
|---|---|
| 예진 엄마 | 그래? (잠시 말을 멈춘다.) 너한테 사랑을 듬뿍 나눠 주고 싶었나 보다. 승현이 엄마 참 마음씨 곱지? (예진과 맞잡은 손이 바르르 떨린다.) |

예진은 엄마와 승현이 엄마가 친하다는 걸 떠올린다. 가족끼리도 친척처럼 사이좋게 지냈던 걸 떠올린다. 승현이 엄마를 좋아하고 잘 따랐는데 요즘은 잘 놀러 가지 않는 걸 생각한다. 승현이 엄마가 항암 치료로 빼빼 야위어 가는 모습을 보면 두렵고 무서웠다. 승현이 엄마의 고운 손은 핏줄이 튀어나와 징그럽게 변하고 얼굴은 밀가루를 덧칠한 듯 창백해져 안타까운 마음에 코끝이 찡해지는 걸 느낀다.

무대 서서히 어두워졌다가 다시 밝아지면, 장소 교실 안.
예진, 교실 안으로 들어선다. 먼저 등교한 친구들은 책을 읽고 있다. 앞쪽에 선생님이 자리에 앉아 있다.

| | |
|---|---|
| 예진 | (목소리를 높여 고개를 숙이며) 선생님, 안녕하세요? |
| 선생님 | (예진이를 바라보며 반가운 표정으로) 어서 와! (계속 예진이를 바라본다.) |
| 예진 | (벽에 걸린 시계를 쳐다보고 자리로 향하며, 방백) 설마, 선생님도 내 바지를 보고 놀리려는 건 아니겠지? (자리에 앉기 전 선생님 쪽을 바라본다.) |
| 선생님 | (계속 예진이를 살펴보고 있다.) |
| 예진 | (찜찜한 기분으로 어색한 미소를 지으며 자리에 앉는다.) |
| 선생님 | (미소를 지으며 손짓을 한다.) 예진아, 잠깐만 앞으로 나와 볼래? |
| 예진 | (주춤거리며 앞으로 나간다. 표정은 어둡다.) |
| 반 친구들 | (수군대는 소리가 나오고 앞으로 나가는 예진이를 바라본다.) |
| 선생님 | (예진의 바지를 뚫어지게 바라본다.) |

| 반 친구 1 | (큰 소리로) 저 바지, 며칠 전에 찢어졌던 건데! |
|---|---|
| 예진 | (화들짝 놀라며, 방백) 선생님이 꿰맨 바지를 입었다고 아이들 앞에서 망신 주려나? (울상을 짓는다.) |

교실 안, 수군대는 소리가 점점 커진다. 예진이 얼굴이 벌겋게 변한다.

| 선생님 | 예진이 바지에 있는 사과 모양 참 예쁘구나! (입가에 미소가 피어오른다.) |
|---|---|
| 예진 | (부끄러운 듯 고개를 숙인다.) |
| 민지 | (자리에서 벌떡 일어서서 큰 소리로) 어머, 예진이도 승현이처럼 찢어진 바지를 꿰매 입었네! |
| 반 친구들 | (여기저기서 웅성댄다.) |
| 예진 | 선생님, (말을 멈추고서 무언가 다짐하는 표정이 되어) 이 사과 모양은 (손가락을 펴서 사과 모양으로 덧댄 부분을 가리키며) 승현이 엄마가 만들어 주셨어요. |
| 선생님 | 정말? (목소리가 높게 올라간다.) 승현이 어머니께서 직접 사과 모양을 만드셨단 말이니? (눈이 커진 채 예진이 바지를 바라본다.) |
| 예진 | (고개를 끄덕이며) 네, 이 바지는 지난번 체육 시간에 넘어졌을 때 찢어졌던 거예요. (반 애들을 둘러본다.) |
| 선생님 | 그 바지가 지난번에 찢어진 바지란 말이니? (놀란 표정이다.) |
| 예진 | 네, 그 바지 맞아요. (선생님을 향해 빙그레 웃어 보인다.) |
| 선생님 | 어쩜, 승현이 어머니 솜씨가 참 좋으시구나! (승현이 자리 쪽으로 고개를 잠깐 돌려 본다.) 꿰맨 곳에 사과 모양을 만들어 놓으니 감쪽같네. 꼭 새 옷 같다! (손뼉을 치고서 잠시 멈춘 후) 아니, 새 옷보다 더 멋있는데? |
| 예진 | (기분이 좋아져 어깨를 으쓱하며) 우리 엄마가 그러는데, 승현이네 |

엄마가 저한테 사랑을 듬뿍 나눠 주신 거래요. (미소지은 얼굴로 교실 안 아이들을 살펴본다.)

| | |
|---|---|
| 선생님 | 승현이 어머니께서 예진이를 무척 예뻐하시나 보다. |
| 예진 | (큰 소리로) 네! |

교실 안, 웅성거리는 소리가 커진다.

| | |
|---|---|
| 선생님 | (환하게 미소 지으며) 내 옷도 찢어지면 승현이 어머니께 꿰매 달라고 부탁해 볼까? (승현이 자리 쪽을 바라본다.) |
| 예진 | (놀란 목소리로) 선생님, 지금은 안 돼요. 승현이 엄마가 많이 아프시거든요. |
| 선생님 | (깜짝 놀라) 승현이 어머니께서 어디 편찮으시니? |
| 예진 | (고개를 끄덕이며 힘없는 목소리로) 암에 걸려서 요즘 많이 아프시대요. |
| 선생님 | (승현이를 향해) 승현아, 정말이니? |
| 승현 | (고개를 숙인 채 아무 말도 하지 않는다.) |
| 예진 | 승현이는 힘든 것도 혼자서 이겨 내고 싶었나 봐요. |
| 선생님 | 그러면 못써! 그런 일은 선생님이 알고 있어야지. |
| 예진 | 선생님, (잠시 말을 멈춘다.) 그런데 승현이 엄마는 꼭 나으시겠죠? 그렇죠? |
| 선생님 | (고개를 크게 끄덕이며) 그럼, 꼭 나으실 거야! (힘주어 말한 뒤 잠시 멈춘다.) 승현이 어머니께서 예진이에게 사랑을 나누어 주니까 찢어진 바지가 멋있게 변했듯이, 이제 우리가 승현이 어머니께 사랑을 나누어 드리면 어떨까? 선생님도 시간을 내어 병문안을 가 봐야겠구나. 혹시 같이 가고 싶은 사람 없니? (천천히 교실 안을 둘러본다.) |

| | |
|---|---|
| **반 친구들** | (여기저기서 손을 들며) 저요, 저요, 저도요. |

자리에서 일어나 손을 드는 아이들도 여럿이다.

| | |
|---|---|
| **예진** | (자리로 돌아가며 승현이를 향해 손을 흔든다.) |
| **승현** | (입가에 미소를 짓는다.) |
| **예진** | (승현을 바라보며 방백) 친구야, 힘내! |
| **승현** | (눈빛을 반짝이며 가만가만 고개를 끄덕인다.) |

예진은 수업 시간에도 자주 승현 쪽으로 눈길을 돌린다.

무대 서서히 어두워지고 막이 내린다.

〈끝.〉

# 아기제비 번지점프 하다 (일부)<sup>37</sup>

장소       **학교 교실, 급식실**

등장인물    **수정, 선생님, 반 아이 1−4, 똘똘이(강아지)**

    수정이네는 아파트 입주를 앞두고 있다. 새 아파트에 입주하기 전 살고 있는 아파트가 팔려 입주 때까지 시골 외할머니 댁에서 살게 됐다. 수정이도 엄마가 어릴 때 다녔던 시골 학교로 전학을 왔다. 시골 학교는 4학년이 한 학급인데, 학생은 스물다섯 명 정도다.

**장면 1**<sup>38</sup>

전학 온 첫날 수정은 교실 앞에 서 있다.

반 아이 1          (놀리는 말투로) 어머, 쟤 키 좀 봐!

---

**37**    배다인(2008), 『아기제비 번지점프 하다』 수록작, 소년한길.

**38**    짧은 활동(상황극, 타블로 등)에 사용하도록 막의 형식을 사용하지 않고 장면으로 설정하였다.

| 반 아이 2-4 | (웅성웅성 떠들기 시작한다.) |
|---|---|
| 수정 | (얼굴이 화끈거리는 걸 느끼며 작은 목소리로) 안녕, 내 이름은 김수정이야.<br>(고개를 푹 숙인다.) |
| 반 아이 2 | (교실 안 전체가 들을 수 있게 큰 소리로) 쟤 뭐라고 하니? |
| 반 아이 3 | 넌 들리니? (고개를 흔들며) 난 하나도 안 들려. |
| 수정 | (불안해하며 고개가 더 숙어진다. 아주 작은 소리로 무슨 말인가를 한다. 더듬더듬 겨우 말을 이어 간다.) |
| 반 아이 1-4 | (수군대는 소리가 점점 높아진다.) |

수정은 더듬더듬 작은 소리로 자기소개를 간신히 마친다.

쉬는 시간, 반 아이들은 수정이를 힐끔힐끔 쳐다만 본다. 가까이 다가오지 않고 자기들끼리 수군댄다. 수정이 짝꿍도 무뚝뚝하다. 수정이는 며칠째 반 아이들과 말도 하지 않고 지낸다. 곧 다시 전학 간다는 생각에 불편해하지 않는다.

### 장면 2

점심시간, 수정이 혼자 교실에서 책을 읽고 있다.

| 반 아이 2 | (못마땅한 말투로 흘겨보며) 쟤 너무 잘난 체하는 거 아니니? |
|---|---|
| 반 아이 3 | (수정이 잘 들리도록 큰 소리로) 범생 티를 내고 싶은가 보지 뭐. |
| 반 아이 2 | 진짜 범생은 공부는 공부 시간에 하고 점심시간이나 쉬는 시간에는 확실하게 노는 거야. |
| 반 아이 3 | (손뼉을 치며) 맞아! 맞아! |

반 아이 2        (눈을 흘기며) 어유, 꼴불견!


반 아이들 여럿이 모여들어 계속 핀잔을 준다. 수정은 한껏 위축돼 고개를 숙인 채 책을 읽는다.



**장면 3**


체육 시간, 철봉 돌기를 한다. 반 아이들은 선생님 설명대로 척척 잘 따라 한다. 수정이는 차례를 기다리며 바들바들 떨면서 불안해한다.


선생님        다음은 김수정 나와서 해 볼까?

수정          (아주 느리게 철봉 밑으로 가서 그대로 서 있다.)

선생님        수정아, 못하겠니? (부드러운 목소리)

수정          (고개를 숙인 채 끄덕인다.)

선생님        (수정이 몸을 들어 올려 준다.) 이제 할 수 있겠지?

수정          (철봉에 매달려 부들부들 떨기만 한다.)

선생님        (가까이 다가와 수정이 몸을 받쳐 주며) 내가 잡고 있으니 손을 돌려
             잡아 봐.

수정          (잔뜩 겁먹은 목소리로 부들부들 몸을 떨며) 못…….

반 아이 3      하, 쟤 뭐니?

반 아이 1      겁쟁이 아냐?

반 아이 4      철봉도 못하고 쩔쩔매는 꼴이 볼 만한데.

반 아이 2      어유, 닭살! 나는 저런 애들은 딱 질색이야.


반 아이들이 웅성웅성 야유하는 소리가 퍼진다.

| 선생님 | 수정아, 선생님이 단단히 잡고 있으니 몸을 돌려 봐. |
| --- | --- |
| 수정 | (고개만 마구 양쪽으로 젓는다. 다리에 힘을 주고 잔뜩 웅크린다. 겁을 내더니 눈물을 흘린다.) |
| 반 아이 1 | 선생님, 울어요. |
| 반 아이 2 | 쟤, 겁쟁이구나! |
| 반 아이 1-4 | (수군수군 소란스럽게 수정에 대해 떠든다.) |
| 선생님 | (수정이 몸을 다시 땅에 내려놓는다.) |

반 아이들 수정이 근처에서 "겁쟁이 겁쟁이" 하며 놀린다.


장면 4

급식 시간, 아이들이 급식실에서 자기 차례를 기다리느라 길게 줄을 서 있다.

| 반 아이 2 | 쟤, 키 좀 봐! 3학년 줄에 서야 하는 거 아니니? |
| --- | --- |
| 반 아이 3 | 어디, 어디? (고개를 빼 밀고서) 서 있기는 한 건가? 내 눈에는 안 보이는데. |
| 반 아이 1-4 | (키득키득 웃는다.) |
| 반 아이 1 | 키만 작은 게 아냐, 손 좀 봐. (손으로 가리키며) 꼭 아기 손만 해. |
| 반 아이 4 | 3학년이 아니고 1학년이나 유치원 교실로 가야 하는 것 아니니? |
| 반 아이 1-4 | (수정의 여러 가지를 트집 잡으며 킥킥거린다.) |
| 수정 | (바지 주머니 속에 손을 넣는다.) |

급식실에서 수정은 어두운 얼굴로 급식을 먹는다.

며칠 후 아침 조회 시간. 선생님 기분이 좋아 보인다.

| 선생님 | (활짝 웃는 얼굴로) 어제 선생님이 기쁜 소식을 들었어요. |
|---|---|
| 반 아이 2, 3 | (두리번거리며) 무슨 일이지? |
| 반 아이 1–4 | (소란스럽게) 뭐예요? |
| 선생님 | 조용! (잠시 멈췄다가) 어제 도서관 사서 선생님을 만났어요. 4학년 중에 책을 좋아하는 학생이 있다는데. (교실 안을 둘러본다.) |

반 아이들 눈길이 수정에게 쏠린다.

| 수정 | (얼른 고개를 숙인다. 얼굴이 벌겋게 물들어간다.) |
|---|---|
| 선생님 | 매일 도서관에 들러 책을 빌려 간다는데 우리 반 친구겠지? 누가 말하지 않아도 스스로 그렇게 열심히 책을 읽는다니 선생님은 참 기뻐요. (환하게 웃는다.) |

수정은 혹시 자기 이름이 불릴까 봐 불안해한다. 선생님은 이름은 말하지 않는다.

| 선생님 | 여러분 이제부터 일주일에 책 한 권씩을 읽고 독후감을 써 오세요. 월요일 아침마다 검사할 거예요. |
|---|---|
| 반 아이 1–4 | (여기저기서 불만이 터져 나온다.) 너무해요. 지금도 충분히 숙제가 많다고요. |

선생님이 안 계시는 곳에서 반 아이들이 수정을 타박한다.

| 반 아이 1 | (수정을 흘겨보며) 어유, 다 쟤 때문이야. 우리 숙제만 늘었잖아. |
|---|---|
| 반 아이 4 | (툴툴대며) 맞아, 혼자서 잘난 척하더니 이게 뭐야? |
| 반 아이 3 | 책 좋아하는 사람만 시키면 될 걸 선생님은 너무해! |
| 반 아이 2 | 우리 것까지 쟤보고 다 해 오라고 할까? |
| 반 아이 1-4 | 완전 밥맛, 꼴불견이야. (수정을 못마땅한 눈초리로 째려본다.) |

수정은 미안해하지만 숫기가 없어 사과는 못 한다.


장면 6


학교에서 돌아오니 강아지 똘똘이가 꼬리를 흔들며 수정을 반긴다. 수정은 귀여운 똘똘이에게 주머니에서 사탕을 꺼내 준다. 똘똘이는 사탕을 날름 삼켜버리고 수정 곁에 딱 달라붙는다.


| 수정 | (화난 척하며) 저리 가! 이러다 넘어지겠어. |
|---|---|
| 똘똘이 | (낑낑거리며 수정이 눈치를 살핀다.) |
| 수정 | 미안해! (쭈그려 앉아 똘똘이를 꼭 끌어안는다.) |

수정은 귀여운 똘똘이를 안고 마루로 간다.


| 수정 | (주변을 살피며) 똘똘아, 이게 무슨 소리지? |
|---|---|
| 똘똘이 | (수정이 품에서 왈왈왈 짖는다.) |
| 외할머니 | (반가운 얼굴로 뒤란에서 걸어오며) 우리 강아지, 학교 갔다 왔니? |
| 수정 | 할머니, 저 위에서 무슨 소리가 들려요. (한 손으로 처마 밑을 가리킨다.) |

| 외할머니 | (수정이 곁으로 바짝 다가와 귀를 세우더니) 어이구, 제비 새끼 소리다! (감격한다.) |
|---|---|
| 수정 | (눈이 동그래져) 제비 새끼요? (호기심에 목소리도 높이 올라간다.) |
| 외할머니 | (제비집을 올려다보며 흐뭇한 표정을 짓는다.) |

제비집 안에서 바이올린 연주처럼 가녀린 소리가 계속 새어 나온다.

| 수정 | (제비집을 올려다보며, 방백) 아기제비는 어떻게 생겼을까? 학교 근처에서 파는 병아리들처럼 귀엽겠지? (감동한 표정을 짓는다.) |
|---|---|
| 외할머니 | 수정아, 방에 가서 헌 신문지 좀 가져오너라. 네 어미가 보기 전에 제비집 밑에 신문지라도 깔아 놓자. (제비집을 다시 올려다보며 잠시 말을 멈춘다.) 새끼가 알을 깨고 나왔으니 이제부터는 어미제비가 바빠질 거다. (계속 제비집을 올려다본다.) |
| 수정 | 할머니, 아기제비 보고 싶어요. |
| 외할머니 | 나중에 제비집 밖으로 고개를 내밀면 실컷 보려무나. |
| 수정 | 아이, 지금 보고 싶어요. (외할머니 얼굴을 바라본다.) 어떻게 생겼는지 궁금하단 말이에요. |
| 외할머니 | (딱딱한 목소리로) 지금은 안 된다! 혹시라도 제비집 안을 들여다볼 생각은 하지도 마라. 알았지? (확인하듯 수정의 얼굴을 들여다본다.) |
| 수정 | (서운한 표정으로 고개를 끄덕인다.) |

〈끝.〉

# 할머니의 옷[39]

| 장소 | 재훈이 집 거실, 할머니 방, 부엌, 공원, 길거리 |
|---|---|
| 시간 | 저녁 시간, 미술 시간 |
| 등장인물 | 재훈, 경훈, 재훈 엄마, 재훈 아빠, 재훈 할머니, 반 아이 1-3, 선생님 |

## 1막

재훈이 할머니 방에서 도란도란 이야기를 나누고 있다.

| 재훈 엄마 | (집 안으로 들어서며 큰 소리로) 야, 재훈이, 빨리 나오지 못해! |
|---|---|
| 재훈 | (겁먹은 표정으로 엄마 앞에 모습을 드러낸다. 엄마 눈치를 살핀다.) |
| 재훈 엄마 | (화난 목소리로) 가뜩이나 일도 힘든데 왜 너까지 속을 썩여. (손을 들어 보이며) 경원이가 많이 다쳤으면 어쩔 뻔했어, 응? (주먹으로 재훈의 머리를 쥐어박는다.) |
| 재훈 | (버럭 화를 내며) 왜 때려! (언어맞은 부분을 만지며) 엄마는 잘 알지도 못하면서. (엄마에게 눈을 흘긴다.) |

---

**39**  배다인(2013), 『선생님 맞나요?』 수록작, 소년한길.

| 재훈 엄마 | 뭘 잘했다고 큰소리야. (탁 소리가 나게 때린다.) |
|---|---|
| 재훈 할머니 | (방에서 나오며) 에미야, 무슨 일인지는 모르겠다만 그만 혼내거라. (재훈에게 다가간다.) |
| 재훈 엄마 | 모르시면 가만히 좀 계세요. (못마땅한 표정으로) 어머님이 만날 이 녀석 편을 드니 점점 더 버릇이 없어지잖아요. |
| 재훈 | 엄마, 잘못은 내가 했는데 왜 할머니한테 그래. (화난 표정으로 버럭 소리친다.) |
| 재훈 엄마 | 뭐야? (다시 주먹을 휘두른다.) |
| 재훈 엄마 | 엄마는 나빠! |

재훈이 집 밖으로 뛰쳐나간다.

| 재훈 할머니 | (목소리만) 에미야, 무슨 일인데……. |

무대 어두워지고 잠시 후 다시 밝아진다.
장소 길거리. 길거리에서 서성이는 재훈이 주머니를 뒤진다.

| 재훈 | (실망한 표정으로) 뭐야? 돈이라도 가져올걸. 돈도 없으니 갈 곳도 없고……. 그렇다고 다시 집에 가기는 싫은데 어떡하지? (딱히 갈 곳이 없어 주변을 서성인다.) 나쁜 엄마, 내가 집에 들어가나 봐라. 엄마 아빠가 애타게 찾으러 올 때까지 절대로 안 들어갈 거야. (집 쪽을 바라보며 이를 앙다문다.) |

재훈이 길거리를 헤맨다. 쇼핑센터 앞에 서서 망설이지만 들어가지 않고 돌아선다. 오락실 앞에서도 고민을 하다가 돌아선다. 돈을 미리 챙기지 않은 것을 후회한다. 학교 운동장을 몇 바퀴 돌고서 집 근처 공원으로 간다. 공원을 산책하는데 배 속에서 꼬

르륵 소리가 난다.

재훈        (바람 끝이 차갑다고 느낀다. 집 쪽을 바라보며, 독백) 이제 그만 집에 들어갈까? (주춤거리며 속상한 표정으로) 치, 나쁜 엄마! 제대로 알지도 못하면서.

재훈은 사람들 모습만 보이면 혹시 엄마와 아빠가 찾으러 나왔나 하고 살펴본다. 하지만 곧바로 실망한다.

재훈        (근처에 있는 쓰레기통을 걷어차며) 경원이, 이 나쁜 자식! (화를 참지 못하고 씩씩댄다.)

음악 소리와 함께 무대 서서히 어두워진다. 무대 밝아지고 장소 교실 안.

미술 시간에 반 아이들 무언가 열심히 그린다. 재훈은 진지한 표정으로 자기가 제일 좋아하는 할머니를 그리고 있다. 할머니는 재훈에게 마치 그림자 같다. 어릴 때부터 직장에 다니는 엄마를 대신해 할머니가 키워 주셨다. 그래서 할머니는 재훈을 엄마보다도 더 잘 이해해 주고 잘못도 따스하게 감싸 준다. 그런데 할머니가 지난봄 갑자기 쓰러졌다. 왼쪽 팔과 다리가 마비돼 잘 일어나지 못하자 치료를 받았지만, 지금도 움직임이 자연스럽지 못하고 불편하게 걷는다.

경원        (재훈이 가까이 다가가 그림을 보며) 재훈아, 넌 너희 엄마 그렸냐?
재훈        (열심히 그림을 그리며) 아니, 우리 할머니야.
경원        (놀리는 말투로) 헐, 너희 할머니는 폭삭 늙었잖아. 그리고 너희 할머니를 그릴 거면 지팡이도 그려야지. (스케치북을 손가락으로 짚는다.)

| | |
|---|---|
| 재훈 | (화난 표정을 숨긴 채 붉은색으로 입술을 칠한다.) |
| 경원 | 너희 할머니가 이렇게 생겼다니 이건 사기다, 완전 사기! (큰 소리로 말한다.) |
| 재훈 | (화난 표정으로) 뭐야? (경원이를 째려본다.) |
| 경원 | (지지 않으려는 듯 당당하게 나서며) 그렇잖아. 너희 할머니가 어떻게 이렇게 젊고 예쁘냐? (잠시 말을 멈춘다.) 쭈글쭈글 주름살도 많고 입술도 거무튀튀하잖아. |
| 재훈 | (무시한 채 계속 색칠을 한다.) |
| 경원 | (재훈의 곁에 서서 계속 간섭을 하더니) 재훈아, 너희 할머니는 이렇게 걷잖아. (힘겹게 걷는 모습을 흉내 낸다.) 그리고 우리 엄마가 그러는데 너희 할머니 오래 못 사실 것 같대. |
| 재훈 | (표정이 굳어진 채 소리친다.) 뭐야, 인마! (책상을 경원 쪽으로 확 민다.) |

경원이 책상과 함께 벌러덩 넘어진다. 재훈은 경원에게 다가가 몸 위에 올라탄 뒤 몇 대 더 때린다. 시끄럽던 교실 안이 갑자기 조용해진다. 놀란 재훈은 벌떡 일어나 얼어붙는다. 반 아이 누군가가 소리친다.

| | |
|---|---|
| 반 아이 1 | (소리만) 선생님, 경원이 피나요. 피! |
| 선생님 | (화들짝 놀라 달려오며) 경원아, 괜찮니? (재빨리 여기저기 살핀 뒤) 빨리 양호실로 가자! (선생님 경원이 손을 잡고 교실 밖으로 나간다.) |
| 반 아이 1-3 | (일제히 재훈이를 원망하는 눈빛으로 바라본다.) |

웅성웅성, 수군수군, 여러 곳에서 소리가 시끄럽다.

| | |
|---|---|
| 재훈 | (끓어오른 화를 삭이며, 방백) 나쁜 자식, 우리 할머니가 좋다고 할 |

때는 언제고 이제 와서 놀려. (콧바람을 씩씩댄다.) 우리 할머니가 얼마나 예뻐해 줬는데 배신하다니. 절대로 용서 안 할 거야. (주먹을 꼭 쥐고서 출입문 쪽을 바라본다.)

무대 어두워지고 막이 내린다.

## 2막

재훈이 1학년 때 장면. 할머니와 재훈이 등교 준비를 한다.

재훈        (할머니 눈치를 살피며) 할머니, 나 배 아파. 학교 안 갈래. (소파에 벌러덩 눕는다.)

재훈 할머니  (사랑 가득한 눈빛으로 다가가며) 오매, 내 새끼 많이 아파?

재훈        응, 여기도 아프고 여기도 아파 (손으로 배와 머리를 만진다.)

재훈 할머니  (고개를 끄덕이며) 내 새끼 많이 아프구나. (머리를 쓰다듬어 준 뒤) 오늘은 아프니까 할미가 업고 갈 테니 어서 업혀라. (재훈이 등에 업힐 수 있도록 돌아앉는다.)

재훈, 히히거리며 얼른 할머니 등에 업힌다. 할머니는 재훈을 업고 집을 나선다.

재훈        (할머니 등에 업힌 채) 할머니, 친구들이 보고 놀리면 어떡해?

재훈 할머니  걱정 마라, (등에 업힌 재훈 쪽으로 고개를 약간 돌리며) 너는 아프잖냐. 학교에 가서 내가 너희 선생님께 잘 말해 주마. 많이 아프면 선생님께 말씀드리고 병원에 들렀다가 곧바로 집으로 가자꾸나. (천천히 걷는다.)

| 재훈 | (할머니 등에서 떼를 쓰며) 할머니 바보! 병원 얘기는 꺼내지도 마! 나 주사 맞기 싫단 말이야! (두 발을 흔든다.) |
|---|---|
| 재훈 할머니 | (걸음을 멈추고서 부드러운 목소리로 어르며) 오냐오냐, 알았다. 그러면 학교에 갔다가 선생님이 집에 가도 된다고 하면 집으로 가자. 이제 됐지? |
| 재훈 | (어리광 가득한 목소리로) 몰라. 난 친구랑 노는 건 좋은데? (할머니 등에 얼굴을 묻는다.) |
| 재훈 할머니 | (소리 없이 빙그레 웃으며 천천히 학교로 걸어간다.) |

**장면** 40

재훈의 학교 행사 때 장면. 다른 친구들은 엄마가 학교에 와서 부럽다. 재훈이만 엄마 대신 할머니가 와서 투정을 부린다.

재훈이 할머니와 카드놀이 하면서는 제대로 못 한다고 큰 소리로 짜증을 낸다.

어느 날은 학교 준비물을 제대로 안 챙겨 줬다고 가방을 내던지며 큰소리를 친다.

무대 어두워지고 서서히 밝아지면서 길거리를 헤매는 재훈이 있다.

| 재훈 | (갑자기 생각이 떠오른 듯 놀라며) 분명히 할머니는 내 걱정하느라 밥도 안 먹고 있을 텐데. (불안하게 움직인다.) 어쩌면 잘 걷지도 못하면서 밖에 나와 있을지도 몰라. 엄마 아빠가 먼저 찾기 전에는 절대로 안 들어가려고 했는데 할머니 때문에 가 봐야 할 것 같아. (집을 향해 빠른 걸음으로 걷는다.) |
|---|---|

---

**40**  장면 처리는 과거 회상 장면이므로 해설자가 읽어도 되고, 짧은 영상으로 처리해도 좋다.

| 재훈 | (아파트 현관 쪽을 바라보더니 빠르게 뛰면서 소리친다.) 할- 머- 니! |
|---|---|
| 재훈 할머니 | (재훈이 달려가는 쪽을 바라보며) 아이쿠, 내 강아지! (손을 뻗으며) 날씨도 쌀쌀하고 춥구만 옷도 얇게 입고 나가서 어디 있다가 이제야 오냐? 이 할미 애간장 다 녹는 줄 알았다. 어디 다친 데는 없지야? (재훈이에게 손을 내민다.) |
| 재훈 | (코맹맹이 소리로) 할머니야말로 추운데 왜 나와 있었어? (할머니 손을 잡는다.) |
| 재훈 할머니 | 왜 나오기는? (재훈이 얼굴을 쓰다듬으며) 금덩이보다 귀한 우리 집 안 보물이 날이 컴컴해지도록 안 들어오니까 이 할미가 나왔지. 아 참, 그나저나 엄마 아빠는 못 봤냐? 너 찾으러 나갔는데. |
| 재훈 | (주변을 살피며 고개를 끄덕인다.) |
| 재훈 할머니 | 배 많이 고프지? (재훈이 손을 두 손으로 감싸며) 날도 추운데 몸이 꽁꽁 얼었구나. 어여 집으로 가자. (할머니 무릎을 짚고 힘겹게 일어난다.) |

재훈이 할머니를 부축한다. 할머니 재훈의 팔을 붙잡고 뒤뚱뒤뚱 걷는다.

| 재훈 | (할머니 얼굴을 바라보며) 할머니, 다치면 어쩌려고 나왔어? 그냥 집에서 기다리지. |
|---|---|
| 재훈 할머니 | 네가 안 들어오니 불안해서 집에 앉아서 기다릴 수가 있어야지. (재훈을 바라보며) 그리고 지금처럼 엄마 아빠와 길이 엇갈릴까 봐 걱정이 돼서 나왔다. 내가 나오기를 잘했지? |
| 재훈 | 할머니, 그런 소리 마. (잠시 말을 멈춘다.) 내가 아직도 애기, 꼬맹이야? (거짓으로 화를 낸 척하느라 말꼬리가 올라간다.) |
| 재훈 할머니 | (말없이 재훈이 어깨를 토닥여 준다.) |

무대 서서히 어두워졌다 밝아지고, 장소가 집 안으로 바뀐다.


재훈 할머니    배 많이 고프지? 어서 손 씻고 와라. 밥 차려 놓을 테니. (힘겨운 걸
            음으로 부엌으로 향한다.)

재훈         할머니, 앉아 있어. 내가 차려 먹을게요.

재훈 할머니    (손사래를 치며) 아니다. 뭔 소리를 (잠시 말을 멈춘다.) 내가 차려
            줄 테니 어서 씻고 와.

재훈         (마지못해 손을 씻으러 화장실로 들어간다.)


재훈과 할머니 식탁 의자에 앉아 있다.


재훈 할머니    (흐뭇한 표정으로 바라보며) 어여 먹어. 배 많이 고팠지? (반찬을 집
            어 재훈 숟가락에 올려 준다.)

재훈         할머니는 밥 안 먹어?

재훈 할머니    난 됐다! 지금 먹었다가는 체할 것 같으니 너희 엄마 아빠 오면 그
            때 간단히 요기하마. 배고플 테니 너나 어서 많이 먹어라.

재훈         (말없이 밥을 먹는다.)

재훈 할머니    (재훈이 먹는 것을 바라보며) 꼭꼭 씹어서 천천히 먹어라. 체할까 무
            섭다.

재훈         할머니, 나 애기 아니라니까. 내 걱정은 이제 하지 마.

재훈 할머니    (고개를 끄덕이며) 오냐오냐, 알았다.


할머니, 흐뭇한 눈길로 밥을 먹는 재훈을 바라본다. 뒤늦게 엄마 아빠가 돌아온다.
밥을 먹고 있는 재훈을 못마땅한 표정으로 바라본다. 무슨 말인가 하려고 하지만, 할
머니가 급하게 손사래를 친다. 엄마 아빠, 꾹 참는 표정이다. 재훈은 엄마를 서운한 표
정으로 바라본다.

무대 서서히 어두워지고 막이 내린다.


## 3막


거실에서 재훈 엄마와 아빠가 대화를 나누고 있다.


| | |
|---|---|
| 재훈 | 엄마, 아빠! |
| 재훈 엄마, 아빠 | (재훈이 부르는 소리를 못 듣고 심각한 표정으로 계속 대화를 나눈다.) |
| 재훈 엄마 | 이게 다 어머님을 위하는 일이에요. |
| 재훈 | (엄마 아빠에게 가까이 가려다가 우뚝 멈춰 선다.) |
| 재훈 아빠 | (짜증 섞인 목소리로) 아무리 어머니를 위하는 일이라지만 꼭 그런 걸 미리 만들어 놓을 필요가 있어? |
| 재훈 엄마 | (완강한 목소리로) 어머님이 원하시잖아요. |
| 재훈 아빠 | 어머님도 참, 별것을 다 바라시네. |
| 재훈 엄마 | 그런 소리 마세요. 부모님 살아생전에 자식들이 미리 만들어 드리는 게 효도라잖아요. (잠시 말을 멈춘다.) 돈도 어머님이 미리 모아 놓으셨다고 하니, 그걸로 모른 척하고 이번 기회에 만들어 드릴게요, 네? (아빠의 눈치를 살피며 열심히 설득한다.) |
| 재훈 아빠 | (확신이 없는 목소리로) 그래도 나는 왠지 께름칙해. (못마땅한 표정을 짓는다.) |
| 재훈 엄마 | 이게 다 어머니를 위하는 일이에요. 효도하는 거라고요. |
| 재훈 | (효도라는 소리를 듣고 미소를 지으며 엄마 아빠 가까이 다가가서 말한다.) 아빠, 엄마 말처럼 하세요. 올해 하면 좋다고 하잖아요, 네? |
| 재훈 아빠 | (황당한 표정으로 재훈을 바라보며) 뭐? 너, 수의가 뭔 줄이나 알고 그런 소리를 하니? |

| 재훈 | (고개를 갸웃거리며) 수의? 수의가 뭔데요? |
|---|---|
| 재훈 아빠 | (어처구니없다는 표정으로 버럭 소리친다.) 시끄러워, 이 녀석아! 알지도 못하면서 어른들 일에 나서기는. |

아빠가 벌떡 일어나 방으로 들어가 버린다. 재훈과 엄마, 멍한 표정으로 서로를 바라본다.

| 재훈 | 엄마, 수의가 뭐야? |
|---|---|
| 재훈 엄마 | (무덤덤한 표정으로) 너, 아직 수의가 뭔지 모르니? 수의는 죽은 사람이 입는 옷이란다. |
| 재훈 | (깜짝 놀라며) 뭐? 죽은 사람이 입는 옷! (두 눈이 휘둥그레진다.) 어, 엄마. 우리 할머니 죽어? (금방 울 것 같은 표정으로 변한다.) |
| 재훈 엄마 | 지금은 아니고 나중에. |
| 재훈 | 지금 죽는 것도 아닌데 왜 죽어서 입는 옷을 벌써부터 만들어? |
| 재훈 엄마 | 나중에 차차 알려 줄 테니 오늘은 그만하자. 어떻게든 너희 아빠를 설득해야 하는데……. (말을 맺지 않은 채 자리를 뜬다.) |

엄마는 아빠 곁에 붙어서 계속 설득을 한다. 아빠가 결국 포기하고 손을 들고 만다. 재훈은 처음으로 할머니 죽음에 대해 생각한다. 할머니를 다시 볼 수 없게 된다는 두려움과 슬픔이 커진다. 할머니 죽음을 떠올리다 보면 저절로 눈물이 흘러내리기도 한다.

무대 어두워지고 다시 밝아진다.

할머니, 수의를 받아들고 어루만지면서 희미하게 웃는다. 아주 정성껏 어루만지며 기쁜 미소를 짓는다.

| 재훈 할머니 | (감동한 목소리로) 어멈아, 고맙다. 진짜 고마워! |
|---|---|
| 재훈 | (야속한 표정을 지으며 할머니에게 다가가 따지듯이 묻는다.) 할머니, 왜 그런 걸 벌써 만들라고 했어? |
| 재훈 할머니 | (태연한 표정으로) 왜? 이게 뭐가 어때서? (아주 조심조심 수의를 만진다.) |
| 재훈 | 할머니가 지금 죽는 것도 아니잖아? (잠시 말을 멈춘다.) 죽을 때 만들어도 되는데 뭐하러 벌써 만들어서 기분 찜찜하게 해. (잔뜩 인상을 쓴다.) |
| 재훈 할머니 | 찜찜하기는 뭐가 찜찜하다고 그러냐? 사람은 누구나 태어나면 다 죽는 거야. 그 누구도 죽음은 피해갈 수 없는데 죽음을 두려워하거나 불경스러운 것으로 받아들이는 게 더 이상하지. 안 그러냐? |
| 재훈 | (토라져 획 돌아서며) 몰라! |
| 재훈 엄마 | (근처로 다가오며) 재훈아, 너 왜 할머니한테 심술을 부리고 난리야? |
| 재훈 | (엄마를 흘겨보며) 내가 언제. |
| 재훈 할머니 | (가까이 다가온 엄마를 바라보며) 어멈아, 삼베 결이 참 곱다. 바느질 땀도 어쩌면 이렇게 매끄럽다니? 고맙다. 고마워. (수의를 계속 어루만진다.) |
| 재훈 | 치! (눈을 흘겨보다 말고 집 밖으로 뛰쳐나간다.) |

음악과 함께 무대가 어두워진다.
무대가 밝아지고 다시 부엌.

| 재훈 엄마 | 어머니, 이제 저녁 드셔야죠? |
|---|---|
| 재훈 할머니 | (손사래를 치며) 됐다. 주스나 한 잔 마시마. 밥을 먹었다가는 체할 것 같아. |

| 재훈 | (미안한 표정으로 주스를 마시는 할머니를 바라본다.) |
|---|---|
| 재훈 할머니 | (가족들을 둘러보며) 다들 고생했다. 잘 자고. |
| 재훈 | 할머니, 나 오늘 할머니하고 같이 자면 안 돼? (엄마 눈치를 살핀다.) |
| 재훈 할머니 | (반가운 목소리로) 안 되기는 왜 안 돼. (얼굴에 미소를 지으며) 나야 혼자 자는 것보다 너랑 같이 자는 게 허전하지 않고 좋지. (할머니 얼굴에 환한 웃음이 피어난다.) |
| 재훈 | (할머니 곁에 바짝 다가가) 할머니, 할머니 보물은 뭐야? (할머니 방을 힐끗 바라본다.) |
| 재훈 할머니 | 그야, 내 보물은 우리 강아지지! (재훈이 엉덩이를 토닥여 준다.) |
| 재훈 | 할머니, 오늘 나 때문에 추운 데서 고생했지? 내가 다리 주물러 줄까? |
| 재훈 할머니 | (손사래를 치며) 괜찮다. 괜찮아! |
| 재훈 | (어리광 섞인 목소리로) 아이, 그러지 말고 빨리 할머니 방에 가서 편히 누워 봐. |

재훈, 할머니 손을 잡아끌고서 할머니 방으로 들어간다.

| 재훈 | 할머니, 빨리 누워요! (방바닥을 손으로 가볍게 두드린다.) |
|---|---|
| 재훈 할머니 | (힘겹게 앉으며) 됐다, 됐다는 데도 그러네. (잠시 말을 멈춘다.) 굳이 주물러 주겠다면 이렇게 앉아 있으마. |
| 재훈 | (할머니 어깨를 주무르며) 할머니, 시원해? (할머니 표정을 살핀다.) 좋아? (고개를 돌려 수의가 걸려 있는 벽 쪽을 바라본다. 다시 어깨를 주무르며) 어때? 시원해? |
| 재훈 할머니 | 아암! 시원하고 말고. (얼굴에 미소가 가득하다.) 오늘은 편히 잘 수 있겠다. 이렇게 마음도 편안하니 지금 죽으면 딱이겠구나! |

| | |
|---|---|
| 재훈 | (버럭 화를 내며 소리친다.) 할머니, 죽는다는 말은 하지 마! |
| 재훈 할머니 | 왜? 늙은이가 죽는 게 뭐가 어때서? |
| 재훈 | 아무튼 할머니는 절대로 죽으면 안 돼! 나 대학교 졸업할 때까지 꼭 살아 있어야 해, 알았지? (할머니 얼굴을 똑바로 바라본다.) |
| 재훈 할머니 | (아득한 목소리로) 네가 대학 졸업할 때까지? (고개를 갸웃거린다.) |
| 재훈 | 그래. 내가 대학교 졸업하면 돈 벌어서 할머니한테 맛있는 것 많이 사 줄게. 그러니까 그보다 더 오래 살아야 돼. 알았지? 약속하는 거다. (할머니 얼굴을 바라본다.) |
| 재훈 할머니 | (대충 고개를 끄덕이며) 오냐, 알았다. 그런데 내가 그렇게 오래 살면 너희한테 짐이 돼서 안 돼. (가볍게 한숨을 쉬고 나서) 그리고 먼저 간 너희 할아버지가 저승에서 나 오기만을 손꼽아 기다리고 있을 거야. 그리고 이생에서 너나 네 아빠 엄마랑 좋은 인연으로 만났으니 다음 세계에서도 좋은 인연으로 만나게 될 게야. 그러니 어떻게든 너희들한테 짐이 되지 않게 얼른 죽어야지……. (말꼬리를 흐린다.) |
| 재훈 | (버럭 소리친다.) 싫어! 죽는다는 소리 다시는 하지 마. 난 계속계속 할머니하고 같이 살 거야. (할머니 품에 안긴다.) |

할머니, 재훈이를 다독여 주다가 자리에 먼저 눕는다. 재훈이 재빠르게 할머니 곁에 누우며 이불을 머리끝까지 덮는다.

| | |
|---|---|
| 재훈 | (이불 속에서, 방백) 이렇게 하면 할머니가 죽음 이야기를 안 하겠지? 할머니 죽음은 생각하는 것도 싫어. 빨리 잠들면 좋겠다. |

재훈이 잠들지 못하고 뒤척인다. 할머니는 재훈이 덮고 있는 이불을 걷고 얼굴을 어루만진다. 재훈은 눈물이 나오려고 하자 들키지 않으려고 돌아눕는다.

| 재훈 할머니 | (자리에 누워 재훈의 머리를 가만가만 쓰다듬으며, 독백) 재훈아, 죽는다고 끝나는 게 아니란다. 이번 생을 잘 살았으니 이만하면 됐다. (말을 잠시 멈춘다.) 너도 만나고 또 네 엄마 아빠랑도 좋은 사이로 만나 행복했다. (재훈의 머리를 계속 쓰다듬는다.) |
| 재훈 | (자는 척 누워서, 독백) 할머니 제발 제 곁에 오래 있어 주세요. 자꾸만 다른 세계로 떠난다고 하니 슬퍼요. |

할머니의 숨소리가 고르게 들린다. 할머니의 잠든 모습을 확인한 재훈의 눈도 스르르 감긴다.

무대 어두워지고 막이 내린다.

〈끝.〉

# 참고 문헌 및 논문

〈단행본〉

강경호 외(1998), 『초등 국어과 교육론』, 도서출판박이정

고성주(2006), 『아동극의 이해와 연출』, 지성의 샘

광주초등교육연극연구회(2013), 『초등교사를 위한 내공있는 연극놀이터』, i-Scream

교육부(2019), 『국어 교사용지도서 5-2, 6-1, 6-2』, ㈜미래엔

구민정·권재원(2014), 『수업 중에 연극하자』, 다른

구현정·전영옥(2011), 『의사소통의 기법』, 도서출판박이정

권경희·노미향(2019), 『교육연극, 프로젝트 수업을 만나다』, 행복한미래

김균형(2009), 『연극제작 이렇게 한다』, 예니

김용수(2008), 『연극연구』, 연극과인간

김장호(1983), 『학교 연극』, 동아대학교출판부

남상오 외(2019), 『우리 반 연극 수업 어떻게 할까?』, 북멘토

남세진(1997), 『역할놀이』, 서울대학교출판부

민병욱(1995), 『연극 읽기』, 삼영사

민병욱·심상교(2000), 『교육연극의 이론과 실제』, 연극과인간

민병욱·한귀은(2004), 『교육연극의 현장』, 연극과인간

배다인(2008), 『아기제비 번지점프 하다』, 소년한길

_____(2011), 『동화의 재구성 능력계발』, 연극과인간

_____(2013), 『선생님 맞나요?』, 소년한길

_____(2015), 『선생님의 연애코치』, 소년한길

_____(2020), 『난 나쁜 친구야!』, 소년한길

소꿉놀이(2001), 『아이들과 함께 하는 교육연극』, 우리교육

소꿉놀이(2019), 『똑똑! 초등 연극 수업 어떻게 하나요?』, 정인

송칠섭(2020), 『연극, 수업을 바꾸다』, 지식프레임

심상교(1996), 『교육연극 연극교육』, 연극과인간

오제명(1994), 『브레히트의 교육극』, 한마당

유민영(1984), 『전통극과 현대극』, 단국대출판부

이주진(2020), 『고학년을 위한 교육연극 수업 이야기』, 정인

장연주(2019), 『교사를 위한 교육연극의 이론과 실천』, 박영스토리

정성희(2006), 『교육연극의 이해』, 연극과인간

최연구(2006), 『문화콘텐츠란 무엇인가』, 살림

최지영(2010), 『드라마 스페셜리스트가 되자』, 연극과인간

최혜실(2008), 『문화콘텐츠, 스토리텔링을 만나다』, 삼성경제연구소

학교극·청소년극연구회(1995), 『학교극·청소년극』, 성문각

한옥근(1997), 『희곡의 이해』, 국학자료원

_____(2006), 『연극의 이론과 실기』, 푸른사상

황정현 외(2004), 『국어교육과 교육연극의 방법과 실제』, 박이정

Alan F· Klein, 이종헌 옮김(1993), 『역할극』, 한국장로교출판사

아리스토텔레스, 손명현 옮김(1987), 『시학』, 박영사

캐롤린 보이스-왓슨 케이 프라니스, 이병주·안은경 옮김(2018), 『서클로 나아가기』, 대장간

DICE Consortium, 한국교육연극학회 신선영·오판진 옮김(2015), 『교육연극 주사위를 던져라』, 연극과인간

엘렌 F. 클라인, 이종헌 옮김(2007), 『역할극』, 한국장로교출판사

Frank & Theresa Caplan, 강문희 옮김(1989), 『놀이와 아동』, 교육과학사

London Drama 편찬, 양윤석 옮김(2007), 『DRAMA GUIDELINE』, 달라진책

밀리 S. 배린저, 이재명 옮김(2017), 『연극 이해의 길』, 평민사

낸시 킹, 황정현 옮김(2006), 『창조적인 언어사용능력을 위한 교육연극방법』, 평민사

나이겔 토이에·프랜시스 프랜디빌, 김유미·이경미 옮김(2006), 『전래동화를 활용한 드라마 만들기』, 연극과
    인간

오스카 G. 브로케트, 김윤철 옮김(2003), 『연극개론』, 한신문화사

필립 테일러 & 크리스틴 워너, 한국교육연극학회 옮김(2013), 『시실리 오닐의 교육연극』, 연극과인간

리처드 코트니, 김주연·오판진 옮김(2014),『교육연극 입문』, 연극과인간

세실리 오닐, 앨런 렘버트 & 로즈메리 린넬 & 재닛 위루드, 양윤석 옮김(2007),『런던교육청 교육연극수업
　　　가이드라인』, 달라진책

토니 알렉산드라 외 지음, 유강문 옮김(2002),『백금률』, 참솔

요한 하위징아, 이종인 옮김(2010),『호모루덴스』, 연암서가


〈논문〉

김혜련(2019),「2015 개정 국어과 교육과정의 '문학' 영역 검토: '공동체·대인관계 역량'을 중심으로」,『돈암
　　　어문학 제36집』

배덕임(2016),「전래동화를 활용한 교육연극 효용성 탐구」,『한민족어문학 제72집』

손정미(2005),「동화를 활용한 역할극이 사회적 위축아의 자기표출에 미치는 영향」, 경남대 박사학위논문

임홍석(2006),「인형극과 아동극의 교육적 활용에 대한 연구」, 동신대 석사학위논문

최경희(1993),「동화의 교육적 응용에 관한 연구」, 한국교원대 박사학위논문

한상덕(1997),「아동극의 교육학적 특성 및 그 활용 방안에 관한 연구」,『아동교육 6권』

한은숙(2004),「한국 어린이 연극의 발달과정에 관한 연구」, 성균관대 박사학위논문

'온 책 읽기'와 함께하는
교육연극 프로그램과 아동극본

# 교육연극을 활용한 수업모형 탐구

글쓴이 배다인
펴낸이 김언호

펴낸곳 (주)도서출판 한길사
등록 1976년 12월 24일 제74호
주소 10881 경기도 파주시 광인사길 37
홈페이지 www.hangilsa.co.kr
전자우편 hangilsa@hangilsa.co.kr
전화 031-955-2000~3    팩스 031-955-2005

부사장 박관순    총괄이사 김서영    관리이사 곽명호
영업이사 이경호    경영이사 김관영    편집주간 백은숙
편집 홍희정 노유연 김지수 최현경 김영길
관리 이주환 문주상 이희문 원선아 이진아    마케팅 정아린
디자인 창포 031-955-2097    CTP출력 및 인쇄 신우인쇄    제본 신우제책사

제1판 제1쇄 2021년 12월 15일

값 15,000원
ISBN 978-89-356-6553-2 93680

● 이 저서는 2020년 대한민국 교육부와 한국연구재단의 지원을 받아 수행된 연구입니다. (NRF-2020S 1A5B5A17089588)